人事・労務担当者のための
メンタルヘルス
対策教本

峰隆之 =編
鈴木安名 北岡大介 =著

日本経済新聞出版社

は じ め に

2012（平成24）年のことですが、「自分を付け狙う加害者集団が存在し、会社にそのことを伝え調査を求めたが十分な対応をしてくれない。自分でその点を明らかにしたいので、しばらく出社はできない」という、およそ会社として容認しかねる理由を述べて仕事を連続欠勤し、あげく諭旨退職処分を受けた事例がありました。

そのような精神的不調が疑われる労働者について、使用者には、本人に健康診断の受診を促し、あるいはこれを命じ、必要があれば休職させるなどの措置をとる対応が求められ、そのような対応をとらずに行った諭旨解雇は無効であるとする判決が、最高裁で言い渡されました。

また、2014（平成26）年には、うつ病により休職し、休職期間満了後に解雇された女性技術者について、解雇を無効とした判決がありました。その事案では会社が本人の精神的不調に気づくことができたのであり、神経科への通院や診断病名、薬剤の処方等の情報を上司や産業医等に申告しなかったとしても、そのような情報は本人にとって上司らに申告しづらい情報であるから、損害賠償請求において本人の落ち度として認めることはできないとする判断が示されました。つまり現代は、メンタル不調者に対する一定の配慮が求められる状況となっているのです。

そして、これら裁判例の後を追うように、最近相次いで、関連法令の改正が行われています（詳細は本書第5章参照）。

改正労働安全衛生法では、「産業医・産業保健機能の強化」「労働者の心身の状態に関する情報の取扱い」「長時間労働者の面接指導と労働時間の状況の把握義務」などが謳われていますが、これらは要するに、長時間労働による労働者の健康障害防止に対する産業医等のより深い関

与・介入を求めるものであり、産業医業務、産業保健スタッフ業務の増加、責任加重をもたらすものです。

　一方、労働者の個人情報、とりわけ機微な情報とされる健康関連情報の管理徹底が叫ばれており、日々の業務において部下の様子や健康状態に目を配らなければならない管理職や、増え続けるメンタル不調事例の対応に追われる産業保健スタッフ等は、限られた情報のなかで、社員の精神的不調問題への対応を強いられているといえます。さらに2020（令和2）年6月から改正労働施策総合推進法が施行され、企業に対しパワーハラスメント防止等のための措置が新たに義務づけられることとなります。

　このような状況の中で、メンタル不調者対応という業務は、ともすれば「腫れ物に触る」ごときものとなり、その放置は、デフレ経済のせいでただでさえ低下しがちな職場の士気をより一層低下させる要因となりかねません。

　本書は、そのような環境の中、人事・労務担当者のための最新のメンタルヘルス対策本として出版するものです。複雑な職場をうまく操縦しながら、働きやすい雰囲気を作るにはどうしたらよいのか。事例や最新の法改正に対応しながらまとめています。弁護士、産業医、社労士が三位一体となって、様々な角度から考察を加えているのも特徴です。

　さて、「マネ下手系」「愛憎系」「指示待ち系」――本書の第1～4章で鈴木安名氏が解き明かしているメンタル不調発生のメカニズムに関わる用語です。鈴木氏は、従来の労災認定実務等で、重度のアルコール依存症、精神分裂病等しか焦点が当てられていなかった労働者の個体側要因につき、「働き方特性の歪み」が抜け落ちていることを指摘、これらを「模擬事例」という形式を用いながら明らかにしていきます。模擬事例といっても、同医師による長年の学術的研究と、実際に産業医として数

えきれないほどの不調者面談を行った実践経験からのフィードバックに基づくものとなっています。また、文中の随所で披露されるメンタル不調者への対応策は、労働者からの情報の聞き出し方から始まり、その活用の仕方、主治医とのコンタクトの取り方等、具体的かつ何をとっても納得がいくもので、読者にとってもたいへん参考になることでしょう。

　第5章を執筆された北岡大介氏が事務局を務められ、鈴木安名氏、西賢一郎氏等、専門家のご指導の下、年に数回開催してきた企業人事法務メンタルヘルス研究会での縁により、類書のない本書の刊行ができることを大変うれしく思います。また、粘り強く本書のコーディネートを進めていただいた日本経済新聞出版社の細谷和彦氏にもこの場を借りてお礼を申し上げます。

　2020（令和2）年1月

弁護士　峰　隆之

第**1**章

メンタルヘルス不調の見分け方

メンタルヘルス問題は、まずは個人の問題として把握されます。し
かし、その背後には不適切な業務管理や人材管理など、組織の様々な
問題が存在していることがしばしばです。たとえば、不調者が多い職
場は生産性が低く各種のリスクを抱えている高ストレス職場であるこ
とが多いものです。そういう職場は社員が頑張っている割に、経営・
管理の面での損失が大きいのです。労災認定や訴訟というリスクが極
大化する場面に着目すべきはもちろんですが、それを未然に防ぐ経営
と財政の視点をもってこそ、メンタル不調者対応も安全かつ効率的に
なります。

01 メンタルヘルス氷山の三角

　メンタルヘルスの悪化した職場では単に不調者による欠勤や休職が見

図表1-1　メンタルヘルス氷山の三角

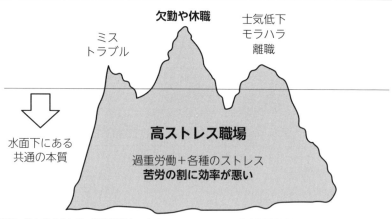

出所：鈴木安名『人事・総務担当者のためのメンタルヘルス読本』労働科学研究所出版部

られるだけでなく、氷山の三角（**図表1-1**）という現象が起こります。これは、①欠勤・休職の増加によるマンパワーの損失　②ミスやトラブルの増加　③士気の低下や離職という3現象を言います。3つの現象は過重労働をはじめとした高ストレス[1]という土台（本質）が共通する人材の不調で、米国流の露骨な表現をすれば人的資本の毀損です。しかし、関係者には、これら3現象を共通する土台も含めて、全体としての把握が困難なため対策もバラバラになりがちです。

　ストレスのない人間はいません。新生児、幼児、児童生徒、学生、社員という人生のステージで、様々なストレス（正しくはストレッサー）に遭遇します。半面、ストレスを適切に処理し乗り越えていくことで人そして組織は成長していきます。無論、度を過ぎれば個人と組織を破壊します。以下、メンタルヘルス氷山をもう少し詳しく見てみましょう。

1 ｜ 休職・欠勤の増加

　いったん労務不能となったメンタル不調者では月単位の休職が必要となるほか、職場復帰後も残業制限が不可欠となります。そのため、休職歴のある社員あるいは休職中の不調者は、そうでない不調者よりも病気の程度がずっと重くなる傾向があります。かつて製薬会社は「うつ病は心の風邪」というイメージを振りまきましたが、それは事実ではありませんでした。

　また、過重労働が慢性化した事業所では、メンタル不調なのか、怠け[2]なのかの区別のつかない欠勤（当日連絡欠勤）も増えます。心身の疲労が土日を過ぎても回復せず、月曜日に体調不良を理由に休むことが多く、怠けというよりメンタル不調またはその予備軍といえます。

---

1) ストレスにはプラスとマイナスの両面がある
2) 怠けについては第4章「トラブル・リスク対応Q&A」を参照ください。

2 | ミスやトラブルの増加

1）ミス

　高ストレス職場では通勤災害や仕事中のミス、トラブルが増えます。たとえば過重労働のため寝不足になると、注意力の低下による判断ミスがしばしば起こります。睡眠時間が5時間を割るとケアレスミスの頻度が1.7倍になるという調査結果もあります。たとえばシステムエンジニアでは、仕事の山場に近づくと未明の帰宅になる、あるいは国家公務員では、予算と国会が重なる状況では民間よりも長時間労働になり、中には徹夜を余儀なくされることもありましょう。

　徹夜明けの覚醒度は酒気帯び状態と同じというデータもあります。また長びく寝不足や不眠症の人はメンタル不調の予備軍とみなせます。

2）トラブル・ルール違反

　また睡眠不足で怒りっぽくなる人もいますし、時には怒りのコントロールが困難になり、大声を出す、器物を叩く、蹴るなどの職場秩序を乱す行為も生じます。あるいは集中力の低下で頻繁に離席し、喫煙またはトイレなどでのスマートフォンの長時間使用など職務専念義務に反する行為も、最近増えつつあります。ほかにも、すぐにバレる嘘をつく（取り繕う）という誠実義務違反、正当な理由もないのに上司の指示命令に従わない業務命令違反など、管理監督者が大変困惑するケースもあります。

3 | 士気の低下

　士気の低下の本質は組織に対する帰属意識（忠誠心）の低下です。人事担当者への愚痴や不満の表明というものから、異動希望の続出、モラ

ルハラスメント、予期せぬ若手の退職などが含まれます。派遣社員などの非正規社員の定着不良は士気の低下を映し出すわかりやすい指標かもしれません。

　また歪んだストレスの解消の結果生じる不祥事や各種の依存症（アルコールや薬物、ギャンブル）なども人事担当者の耳目に触れることがありましょう。時には個人や法人の情報を意図的に漏洩する犯罪も起こります。さらに重要なことは、休職・欠勤の増加、ミスや事故の増加、士気の低下という3現象が、新たなストレスとなって悪循環をもたらすことです。

　以上の点から、メンタルヘルス対策は単独でなされるものではなく、過重労働対策、リスク管理、セキュリティー対策などと一体化してなされるべきもの——すなわち人材管理の根幹といえます。

02 メンタルヘルスのくろうと問題

　人事担当者や管理者が対応に苦慮する不調者の３大問題を、語呂合わせでメンタルヘルスの「くろうと問題」としました。それは、くりかえす休職・欠勤、ローパフォーマンス（労務提供における量的あるいは質的な不足）そしてトラブル（ルール違反）です[3]。

メンタルヘルスのくろうと問題

く：くりかえす休職・欠勤
- 復帰しては、ほどなく（６カ月未満）休職し、これをくりかえす。
- 欠勤が頻回で年次有給休暇の範囲に収まらない状態。

ろう：ローパフォーマンス　労務提供不足
- 量的なもの　一定の能力はあるのに頻回欠勤のため、仕事を任せられない。
- 質的なもの　著しい能力不足のため、仕事が処理できない、任せられない。

と：トラブル・ルール違反
- 迷惑行為や業務命令に従わないような問題行動がある。
- 休職期間満了直前の復帰希望などリスクをともなう状況になる。

　さらに困ったことには、くろうと問題は相互に関連して悪循環を引き

---

[3] 職場のメンタルヘルスのように経営管理、法や行政の指針、心理、医学・医療などの情報が混ざり合った複雑な分野では論理的に考えることが何より重要です。まずは種々の情報において、優先順位をつけ、「重要」なものを選択し、語呂合わせにするというのが筆者の手法です。
　もちろん、ここでいう「重要」の基準は、立場や役割によって変わります。万人に当てはまるメンタル本はありません。そのように書かれた本は、現場ではあまり役に立たないと、筆者は思います。

起こします（**図表1-2**）。休職・欠勤はパフォーマンス低下をもたらし、周囲の士気が低下し、本人の負い目も強まり、時に過度の飲酒、浪費などの歪んだストレス解消に至ります。その結果ストレスが加速し、結局は再休職となり、最後は休職期間満了というリスクの大きな時期を迎えることになります。

1	不調者対応は人材管理

この悪循環を断ち切るのは容易ではありませんが、後述するように人事担当者、管理監督者、産業医の間で適切な情報共有と改善のための目標設定を行い、就労支援をすることが要点になります。その際、治療や就労における各種の枠組み（規則、基準、法）をできるだけ本人に守らせることがポイントで、はれ物に触るような放任・容認は事態を悪化さ

図表1-2　くろうと問題の悪循環

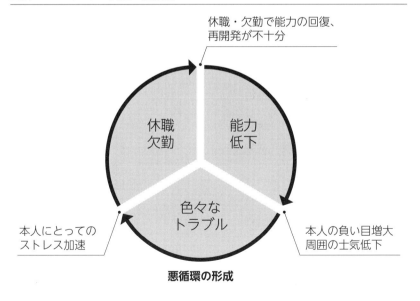

休職・欠勤で能力の回復、
再開発が不十分

休職
欠勤

能力
低下

色々な
トラブル

本人にとっての
ストレス加速

本人の負い目増大
周囲の士気低下

悪循環の形成

せ、周囲は振り回されるばかりとなり、本人の症状も軽快に向かうどころか悪化することも多く、最悪の場合は、自殺という悲惨な結果を招きます（第4章 Q7）。

　以上のくろうと問題の打開策として有効なツールが後述するリワークとカウンセリングです。これらが導入できない事業所でも、一定の範囲で実行可能な対応方法を提案します。

　次に、くろうと問題が起こる背景と、その特徴について検討してみましょう。

2 ｜ くりかえす休職・欠勤

　産業医科大の堀輝氏の調査では、うつ病における再休職の頻度は復職後の6カ月の時点で55.9％にも達し、復帰失敗の2割は最初の1カ月に起こるとされています。また、復帰しても欠勤をくり返し、事実上の週休3日という社員も少なくありません。

　これには3つの原因があります（**図表1-3**）。

1）不正確な診断と治療

　精神障害の診断もまた身体疾患のそれと同様に医師にミスはつきもの。しかし、身体疾患との違いは、ミスをしても医師にはすぐには気づきにくいという点があります。心と脳の働きは、外部に現れにくいし、後述するように患者は医師の前では外面を取り繕うものですから。

　しばしば起こりうるミスは、うつ病ではなく双極性障害（躁うつ病）というものです。うつ状態から発病する双極性障害は、後になってはじめて判明する場合もあります。またメンタル不調の土台に発達障害やパーソナリティー障害があれば難治といえます。もちろん問題解決の責任は本人の主治医たる医療機関にありますが、実際は、産業医を通じた主

図表1-3　くりかえす休職・欠勤の原因

1. 不正確な診断・治療
双極性障害、発達障害やパーソナリティー障害の関与
対策　リワーク・主治医との連携で対応

2. 時期尚早の復帰
生活リズムの未確立での復帰
対策　生活記録表の運用

3. 職業性アイデンティティー問題
他の業種、職種で働きたかった
過干渉＝支配的な親の子ども
対策　一定の人事的対応　円満退職は〇K

> すべての原因に対し、リワークを試みる価値あり

出所：林 果林、他　復職支援デイケア利用後の再休職事由に関する要因分析　産業精神保健誌
21（3）；197〜202, 2013 を参照し作成

治医への情報提供（第3章7節）が正確な診断に至るうえで有効です。

2）時期尚早の復帰

　焦りや世間体のため、回復が不十分なまま復帰すれば、再発は時間の問題になります。

　この問題の責任を主治医に負わせる考えもありますが、結局は使用者が解決すべき問題で、後述する生活記録表（第3章4節）が有効です。

3）職業性アイデンティティー問題

　間違った職業選択による苦悩もまたメンタル不調を招きますが、多くは親や教師の過干渉によるもので当然、薬は効きません。本来、キャリア・カウンセリングが必要ですが、本人も周囲も「病気」という認識なので、対応が大幅に遅れて年余にわたる長期休職になりがちで、これもリワークが有効です。

3 ┃ ローパフォーマンス[4]

　ローパフォーマンスとは不十分な労務提供であり、量的なものと質的なものがあります。

不十分な労務提供

A　量的なローパフォーマンス
　体調不良による欠勤や遅刻の繰り返しによるもの

B　質的なローパフォーマンス
　仕事にならない状態すなわち時間をかけても遂行できない、ミスが著しく多い、など仕事の著しい品質低下

　Aは不調の回復につれて改善する場合もありますが、Bは色々な障害や不調の持続ないし後遺症の場合があり、リワークでも根本的な改善を図ることは難しいところです。さらに、職場はリワークセンターではないので、現実的な目標設定をすることで、ポイントは後述する適性配置です（第3章5節）。

4 ┃ トラブル対処のコツ

　使用者と社員の双方が大変困惑するのは、前述した職務専念義務違反をはじめとした、雇用契約上（雇用上）の義務違反で、業種、職種の別なく増えてきています。トラブル対処のポイントは、まずは使用者（人

4）ローパフォーマンス、ローパフォーマーの本書での定義
　管理者の評価にもとづき、勤続年数に応じた平均的な社員の労務提供能力（期待値ではない）を10点としたら5点未満で多くの場合、3〜4点という状況で、管理監督者による教育の効果がほとんどない。

事担当者と管理監督者の双方）が、これらの社員の義務をきちんと知ることであり、そのうえで、勧奨指導は使用者の義務を果たすという観点からもむしろ遠慮なしに行うべきものです。また、後々のトラブルを避けるためにも口頭だけではなく書面も使用することです（**図表1-4**）。ちなみに、トラブル対策における具体例は、第4章のトラブル・リスク対応Q＆A編をお読みください。

図表1-4　トラブル対処のコツ[5]

雇用上の労使双方の義務（双務契約）

使用者の義務（債務）	**労働者の義務（債務）**
1. 賃金支払義務 2. 安全配慮義務 3. 職務遂行能力開発のための 　 配慮義務	1. 労働義務と職務専念義務 2. 業務命令に従う義務 3. 誠実義務と職場秩序遵守義務

書面での合意（確認書作成）
決めごとは箇条書きにし、本人のサインを

---

[5]　この図表が理解できれば、人事総務もプロといえます。人事の管理者が自分の部下の力量を評価する方法として、「この図表を具体的に説明しなさい」という問題が役立ちそうなほどです。
　いいかえると、この図表だけで人材管理の6割はクリアできるという、大事なもの。
　しかし我が国の会社社会では雇用契約の発想が乏しく、図表にはなじみのない人事が少なくないでしょう。これからの職場は人治主義ではなく、法治主義を目指したいものです。この図表を大いに普及させましょう。

03 不調を発見するポイント
——受診命令（勧奨）と法的根拠

　筆者は、心の病気の可能性がある仕事上のサインを「ケチな飲み屋サイン」とまとめています。人事担当者や管理監督者は、ぜひ暗記してください（**図表1-5**）。これはゴロあわせで、け（欠勤）、ち（遅刻・早退）、な（泣き言をいう）、の（能率の低下）、み（ミス、トラブル）、や（辞めたいと言いだす）を意味します。

---

1 ｜ ケチな飲み屋サイン

1）け　欠勤、ち　遅刻・早退

　月曜日や連休などの休み明けに、体調不良を理由に欠勤や遅刻・早退しがちになる。これを「怠け」と決めつけてはいけません。心身がダウンしたサインの一つです。ポイントはメールやラインで「体調不良のため」「風邪っぽいので」というあいまいな理由で、当日朝に連絡してくるという特徴があります。

図表1-5　ケチな飲み屋サイン

け	欠勤（特に休み明け）
ち	遅刻・早退
な	泣き言をいう
の	能率の低下→長時間労働
み	ミス、トラブル
や	やめたいと言い出す

出所：鈴木安名『人事・総務担当者のためのメンタルヘルス読本』労働科学研究所出版部

一方、休む前日に、「38.8 度の熱が出ました。のどがとても痛いので」という具体的な症状の場合は身体疾患です。ちなみに、心身の病気の別なく、当日朝の欠勤の連絡方法はメールや LINE ではなく電話連絡を原則としましょう。メールは欠勤へのハードルが下がる場合もありますし、口調や声のトーンなどの情報がないからです[6]。

2) な　泣き言をいう

　特別なきっかけもなく泣き言や不満をいう場合も危険です。愚痴や不満は口にしないことが、現代人の職業規範ですから。ただし普段から泣き言や不満を口にしている社員には、この基準は当てはまりません。今までと比較しての言動の差異がポイントです。

①軽めのもの

　うつ病ではモチベーションが失われ、「この仕事は自分に向いてない、異動させてください」「やりがいがなくなった」のような発言がきかれます。あるいは「自分ばかりに仕事が回ってくる」「こんなのやってられない」などのような不満や愚痴も泣き言の一種で重要です。

②重大なもの

「もうだめ」「お先真っ暗」などと言う場合は、たとえ小さな独り言であっても重大。時に自殺の前ぶれのこともあり、安易な激励や批判、無視は禁物です。また、このような発言が繰り返されれば、周囲へのストレスになり職場秩序遵守義務違反ともみなされ、対応が必要です。

---

6)　当日朝に、「今日は体調不良のため有給休暇を申請します」と連絡があっても、それは本来合法な休暇申請ではありません。使用者（会社）には不都合な時季における有休使用を拒否する権利があり（労基法 39 条 5 項）、当日申請についてはこの拒否権を行使することができるからです。

3) の　能率の低下

　メンタル不調、特にうつ病は集中力や判断力が低下する病気で、仕事の処理速度が低下して、同じ量の仕事でも時間がかかります。たとえば、いつもなら1時間で終わる業務が2〜3時間もかかるというように、仕事のペースが大幅にダウンして退勤時刻が遅くなった時も赤信号！

　次のような例があげられます。

- 技術職　計量や測定に時間がかかる
- 窓口業務　日常的に使っていて、考えなくても出るはずの用語や言い回しが口にできない
- 企画立案　パソコンのモニタに向かってボーッとしたり、イライラ・ソワソワしたりする
- 営業系　普段なら考えなくても言える営業トークが出ない

　また朝に打ち合わせたことなのに、昼近くにはもう忘れているような健忘も起こります。これはボケではなく、集中力の低下のために物が覚えにくくなるためです。病気が進むと、印刷物やメールなどの文字は目に入るけれど、意味やイメージが頭に浮かばなくなり、何回読み直しても先に進まないという「思考の制止」（うつ病の中核症状）まで起こります（人間フリーズ状態）。

　これらの能率の低下を職種ごとに述べればキリがありません。具体例を知りたければ、うつ病の部下を持ったことのある管理監督者に聞くのが一番です。また、能率の低下が起こると、人間はそれをカバーしようとして、さらに長時間労働という悪循環になります。だからこそ労働時間の把握が重要になります（労働時間適切把握義務）。

4) み　ミスやトラブルが増える

　集中力と注意力が減退するため、ケアレスミスや、ベテランらしくないミスが起こりやすくなります。たとえばパソコンのキー入力の誤りや転記ミス、誤字、脱字などが生じます。もちろん、このサインだけでは

メンタル不調とは言えませんが、今までと比べて、ケアレスミスが増えてきた場合は危険信号です。前述した**図表 1-4** における各種の義務違反は、判断力の低下による場合もあります。

5) や　辞めたいと言い出す

　特別なきっかけがないのに「仕事を辞めたい」「この業務から降ろしてほしい」というのは危険なサイン。時に、自殺したい気持ちの間接的な表現の場合もあります。現代人の多くは、寝ている時間を除いて、通勤はもとより帰宅しても仕事のことを考えていたりします。つまり、「ワーク・イズ・ライフ」なので、仕事を辞めたいという場合、「自分の人生を止めたい＝死にたい」という気分に基づく場合もあります。

　少し怖いですが、「ひょっとして、この世から消えたい気持ちはありますか？」と率直に聞く勇気も必要でしょう（対処法は 178 ページ）。

　以上のサインのうち、欠勤、遅刻・早退、泣き言をいう、辞めたいと言いだすは、かなり進んだサインといえます。一方、能率の低下とミスは早期に発見するための目安です。したがって管理監督者は、自分の部署に新規に異動してきた社員について、元の職場の上司などから普段のパフォーマンスを聞いておくと、後々役立ちます。

---

2 ｜ 受診の勧め方

　早期に発見するためには、ケチな飲み屋サインがポイントです。これらが見られたら、声をかけて「よく眠れる？」と聞きます。とりわけケチという勤怠不良があれば、必ず次のステップを押さえます（**図表 1-6**）。

1) 眠れている

「まあ、それなりに眠れている」「布団に入ればバタンキュー」ならば

図表1-6　受診の勧め方

ケチな飲み屋サインのチェック

どうしたの？　話を聞かせてくれませんか？

不眠のチェック　夜はよく眠れる？

それって不眠症かも…医者、産業医に相談に行こう
病気なら治るし、病気でなければ結構じゃないか

受診を勧めたことを記録し、受診するまで3回勧める

上司が受診、相談を勧めるのは業務命令権に属する
2回目以降は書面も使用する

現時点ではメンタル不調とまではいかず、過労にとどまっている可能性
があり、念のため一カ月ほど業務量を減らす、新しい仕事を与えないな
ど負荷を減らすとよいでしょう。

2) 眠れない

　週に4～5日眠れない場合は、専門医への受診や産業医への相談を勧
めます。専門医とはメンタルクリニック、心療内科、精神科、神経科な

COLUMN　よく眠れている？

　現代では、部下の体調に目が向かない人は管理監督者としてのスキルが乏
しいといえます。管理監督者なら「よく眠れている？」くらいは、きけるよ
うにすべきでしょう。「体調に目を向けること」すなわち健康管理は人材管
理の大事な柱です。

どで、「眠れないのは不眠症かもしれないから、専門家に判断してもらおう。病気なら治せばよいし、病気でなければそれでよい」などと勧めてみます。

受診勧奨のポイントは、睡眠についてたずねることです。「悩みを抱えていない？」「何かストレスがある？」という聞き方は、一部の社員ではプライドを損ねることもあるので、身体症状である不眠にフォーカスを当てましょう。ただし、ここで当該社員が心療内科等の受診を納得しても、不調により行動力がかなり落ちている場合もあります。

管理者は、あらかじめ適切な医療機関を決めておき、本人にその場で電話をかけさせて予約してもらうべきです。

模擬事例　行動力低下がある時の受診勧奨

課長　「鈴木さんは眠れていないのですね」
鈴木　しばらく考えて「……はい……」
課長　「では、不眠症のリスクもあるから、心療内科を受診した方が良いですね」
鈴木　「……」
課長　「心療内科を受診しましょうね」
鈴木　ボーっとした様子で「あ……はい」
課長　（これは判断力が落ちているな）「青空クリニックというお医者さんが良いですよ。今ここで、携帯で予約すると楽ですよ。番号は〇〇〇〇です」

3	メンタル不調の自覚症状

早期に出る症状は、心の症状よりカラダの症状です。よく眠れない、食べたくない、だるい というもので、筆者は3つの「い」と名づけています（**図表1-7**）。自分で病気に気づいたり、社員に受診を勧めたりする上でポイントになります。

図表1-7　メンタル不調の自覚症状

身体の症状　3つの「い」

- **よく眠れない　（超重要！）**
  ➡この段階で見つけたい

- **食べたくない**

- **だるい**

  3つの「い」が10日以上続く

  ➡食う寝る遊ぶができなくなる

\+

精神の症状
気づきにくい、あとに出る

- **仕事に行きたくない**
  月曜、連休明け

- **この仕事には向いていない**

- **消えてしまいたい**

1）よく眠れない

　寝つくまでに1〜2時間以上もかかる。夜中に何度も目が覚める。明け方、目が覚めて、それから寝られない。熟睡できなくて嫌な夢（多くは仕事）ばかりみる。明日の仕事が不安で、あれこれとフトンの中で悩みますが、考えが進まず空回りするだけ。よく眠れないというのは、心の不調のサインとして非常に重要[7]です。逆に、どんなに疲れていても、あるいは落ちこんでいても、「フトンに入れば朝までぐっすり」ならば問題ありません。

　ただし、よく眠れない日が週に1〜2日程度なら、ただちに不眠症とは言えないので、業務の負荷を増やさず、1カ月ほど後に再度、不眠をチェックしましょう。判断に苦慮する場合は、産業医、心療内科への受診を命じましょう。

---

[7] コミュニケーション能力に課題がある社員では、寝不足の場合でも「よく眠れない」と答えるので、「寝たくても眠れない？」と確認するのが良いでしょう。

2) 食べたくない

　食事がおいしくなくて食べる気がしない。食べなければ身体が持たないから、仕方なく口にするというふうになる。1カ月で5〜6キロもやせ、癌が心配で胃腸科にかかって、胃カメラなどの検査で異常なし、となる人もいます。

3) だるい

　メンタル不調のだるさは休んでも良くならないのがポイントで、単なる過労とは違う特徴があります。それは休日にする趣味や気晴らしまでおっくうになることです。いつもの習慣である子どもとの遊び、パートナーとの買い物、テレビやゲームなどのリフレッシュもしたくないほど。人に会うのも面倒で、付き合いの良かった人が家にこもりがちになる場合もあります。

　ひどい疲れというと、ビタミン不足や肝臓病と考えますが、強いだるさが1カ月以上月も続く場合は、過労か心の不調なのです。

原因不明の身体症状

　だるい、頭痛がする、めまいがする、息苦しいなど身体の不快な症状で、内科にかかっても、原因がはっきりしない場合は、過労やメンタル不調のことがしばしばあります。

---

4) 心の症状

　以上の症状に「仕事に行きたくない」という気分が加わればメンタル不調です。健康な人の怠け心とは違い、「行かなければならない。でも休んだら皆に迷惑をかけるし、仕事がたまるから休めない。でも休みたい、休めない……」という堂々巡りが特徴です。

　いつまでも考えがグルグル回って脳がますます疲労していきます。この気持ちは日曜の夜や連休の最終日に出やすく、「ああ、明日からまた

仕事が始まる。つらいなあ！」となります。悪化すれば前述の人間フリーズ（思考の制止）が起こったり、死にたい気分になったりします。

4	受診命令 (勧奨) と法的根拠

　当該社員に受診を勧めても、受診をしない場合はどう考えるべきでしょうか？

　受診の命令（勧奨）は使用者の権利ですから業務命令といえます。

> **受診命令の法的根拠**
>
> 　社員にメンタル不調のサインがある場合、受診命令ができる。安全配慮義務は義務なので受診を命じる権利が使用者にある。その法的根拠は以下の判例
> 1. 京セラ事件 東京高裁 1986（昭61）11.13
> 2. 空港グランドサービス事件 東京地裁 1991（平3）3.22

　2度目以降の命令は口頭だけでなく書面も用いて、最終的に従わない場合は、労務提供の申出があってもその受領を拒む、たとえば休職を命じてもよいでしょう。

第**2**章

メンタル不調の
原因と類型別分析

本章はメンタル不調対応を必要とする人にとって極めて重要な部分なので、少し理屈っぽいのですが、飛ばさずにお読みください。

01 メンタル不調の分類とその原因

　メンタル不調は、その土台の有無や種類で**図表 2-1** の A と B および C に分類されます。

　A では病気の土台に発病しやすい体質があり、躁うつ病（双極性障害）と統合失調症などがあります。ストレスにあまり関係なく発病し、症状には薬が効きます。若年期に発病するため就職できないか、その重さのため退職に結びつくことが多いのが一般的です。

　B の土台には発病前から働き方特性[1]（能力や人柄）に歪みがあり、病気には薬が一定程度効きますが、土台には効かないので、再発を繰り返しやすいです。うつ病、適応障害、不安障害（パニック障害）等、職場で最も多いメンタル不調です。

　C では A や B のような土台はほとんどなく、病気というより過労による心の反応と考えられ、休養と環境調整により多くは薬なしに治ります。

　ここで病気の土台にある体質や働き方特性（能力や人柄）の歪みを個体側要因といいます。従って C には個体側要因がほとんどないといえます。

　メンタルヘルスのくろうと問題が関係するのは A と B ですが、A は前

---

1) 働き方特性とは仕事の計画性、組織における協調性およびコミュニケーション能力をいい、後で詳しく述べます。

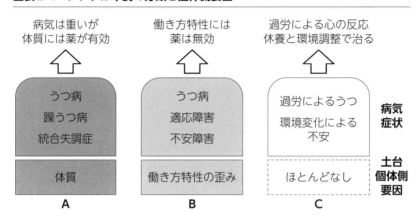

図表2-1　メンタル不調の分類と個体側要因

述のように就職や就労自体が困難なため、職場での頻度は少ないです。最も数が多く対応に苦労するのがBです。

　ちなみに**図表2-1**のように、うつ病には2種類あって、なりやすい体質を個体側要因とするAと、働き方特性の歪みを個体側要因とするBがあります。かつてBを新型うつ病[2)]、それに対してAやCは従来型うつ病と呼ばれていました。しかし、Bがうつ病の多数派となったので、新型・従来型の区別はあまり意味がなくなりました。

1 ｜ 本書におけるメンタル不調の定義

職場に置けるメンタル不調を以下のように定義しました。

> **メンタル不調の定義**
> その人の生物あるいは心理的な要因（個体側要因）が、環境となる

---

2) 新型うつ病というのはマスコミ用語で、正式には現代型うつ病（野村総一郎教授の用語）です。

労働要因と反応した結果、思考、感情、行動の障害が生じ、勤怠不良、パフォーマンスの低下、規則違反等の社員の提供する労務に不具合をきたした状態。

2 | 発病の仕組み——3つの要因と個体側要因

　メンタル不調の原因、成り立ちについてはまだまだ研究途上で定説はありませんが、本書で採用した発病の仮説（モデル）は以下の①と②をミックスしたものです（**図表2-2**）。

①心理学領域で使われる生物・心理・社会モデルを少し改変した生物・心理・労働モデル。
②ある特定の労働要因（職場環境）がストレッサーとして社員に作用し、彼・彼女をサポートする要素と脆弱性の大小によって、発病が決まるというストレス脆弱性モデル。

図表2-2　メンタル不調に関係する3要因と個体側要因

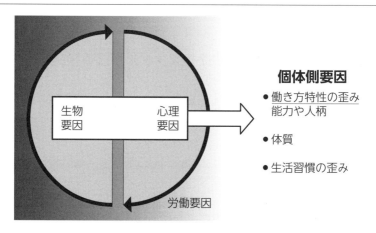

ちなみに、前述の個体側要因はストレス脆弱性の根本です。

1) 生物要因

前述した病気になりやすさ（体質）や能力のばらつき（発達障害）あるいは脳卒中、認知症、頭部外傷後遺症、脳腫瘍などの脳の病気などが含まれます。

2) 心理要因

さて、心理要因の解説をする前に、ちょっとクイズを解いてみましょう。

ある課にA、Bの2人の新人がいるとして、上司の係長が彼らの人柄と働き方を以下のように書いています。数年後にメンタル不調になる確率はどちらが高いでしょうか？

あえて正解は出しません。

模擬事例　　2人の新人

Aさん　四大卒で頭の回転は普通だが素直。先輩上司に報告・相談をして、色々教えてもらい課題をこなしている。少し天然な部分もあるが、礼儀正しく明るいので皆から好かれ、先輩も助けてくれるので、新人にしては難しい業務もこなせるようになった。

Bさん　国立大学の院卒で、黙々と働き、あまり質問・相談をしない。慎重だが細部にこだわり過ぎて長時間労働になりがち。上司は時間をかけて、それらの改善を指導したが変わらず。言い訳が多く、最近は「係長はAさんばかり重用し不公平です」と言う。

心理要因は社員の働き方特性として現れ、専門家でなくとも管理監督者や人事担当者が、その人の職場での言動を観察することで把握可能です。

たとえばＢさんのように上司や先輩に報告、相談、質問をあまりしない社員は仕事を抱え込み、不調になるリスクが高い。あるいは職場の人間関係がとても気になり、他人と自分をいつも比較し一喜一憂するような社員も発病しやすいといえます。これは幼少期の養育（子育て）や学校の環境によって決まります。虐待、放任、過干渉など親の不適切な養育や学校でのイジメは認知と行動（働き方特性）の歪みをもたらし、後述する愛憎系、指示待ち系のように、同じストレス下でも発病しやすい特性となります。

　ところで模擬事例のＡ、Ｂについての記載は、働き方特性で、簡単に言えば「能力と人柄」で、その歪みを個体側要因といいます。この情報は診断・治療、予防への大きな手がかりになり、産業医と会社の双方に役立ちます。もちろん働き方特性は発病だけではなく仕事の成果にも関係します。

3) 労働要因
　社員が従事する労働の性質、特徴や難易度で、要するに仕事のストレスです。
　使用者にとっては、業務上の度合い、すなわち過重労働やハラスメントの関与が問題となります。これについては紙幅の都合上、解説は割愛しますが、厚生労働省のパンフレット「精神障害の労災認定」が役立ちます。

4) 個体側要因
　前述の生物要因と心理要因を加えたものを個体側要因[3)]といい、本書でのキーワードになります。この用語は精神障害の労災認定基準で使用されており、具体的には既往歴、生活史（社会適応状況）、アルコール等依存状況、性格傾向などを含んでいます。本書においては個体側要因

のうち「働き方特性の歪み」を重視しました。後に具体的に述べる働き方特性の歪みは、既往歴、病歴、家族歴など要配慮の個人情報ではないので、人事担当者と管理監督者にとって扱いやすく、有用だからです。

3	発病に影響する労働要因

　ここでは、仕事のストレスについて解説します。ただし、人間関係のストレスは個人の考え方と感じ方（認知のあり方）という主観が大きく関係するため、複雑です。よって、本書では労働の特性という客観的な要因を中心に述べます。

1) 減短高並のストレス
　現代の職場における労働の特性を１文で述べると、

　要員減のもとに締め切りが短く、業務に高精度・高品質を求められ、複数業務を同時並行に行うという特徴があり、語路合せでいえば減短高並（げんたんこうへい）です。

2) 労働の分類
　減短高並（要員減、短納期、高精度、同時並行）という特性において、労働を分類すると以下の２つになります。

> **労働の二大分類**
> 1.　対物労働と対人労働
> 2.　定常業務と非定常業務

3）たとえば個体側要因という用語は、「個体側要因があっても負荷が大きければ業務上と認定する傾向にある（黒木宣夫東邦大学名誉教授談）」というふうに使用されます。

定常業務とはルーチンワークのこと。非定常業務とは割り込み、飛び込みの作業が多い業務をさします。

　1と2の組み合わせで、仕事のストレスが決まります。
　かつては肉体労働、精神（頭脳）労働という分類がありましたが、労働は全人格的なもので、あらゆる労働に肉体的側面と精神的側面が備わっているので、今は使われません。たとえばオフィスワークで長時間PCを使用すれば首、肩、腰に負担がかかる。製造現場では後工程に配慮、忖度し高い品質の作りこみをしつつ、工程間の的確なコミュニケーションを行うことが必要で、心への負担が大きいといえます。さらに近年では感情労働の概念が注目されてきました。感情労働とは、お客の感情を安定・快適にするために、社員が自分の感情をコントロールすべき労働で、ぐったりした疲れや不眠を起こしやすいです（例　クレーム対応など）。

3) 使用者の人材管理のスタイル
　指示命令の出し方、指揮命令系の明確さ、労働時間管理の方針、人事考課の仕方、注意叱責の方法、さらには人事総務部門の姿勢、社風や職場風土も発病に関係する労働要因です。たとえば指示命令の出し方があいまいな上司には、部下は困ります。忖度にも限度がありますから。
　また指揮命令系が不明確というのは実に大きなストレスで、船頭が複数いるので部下は混乱します。
　対応法はこれらを調整、改善することですが、これが意外に難しい。ちなみに産業医の意見書に出てくる残業制限や配置転換だけでは発病やその悪化は防げません。
　ここで極めて重要なことは、労働要因に関しては、業務上の度合い（労災認定のされやすさ）を評価すべきことです。係争を防ぐためには、

その大小によって対応策を変えることであり、具体例は第4章で述べます[4]。

4) 職場に影響を及ぼす社会環境

　現代は本業以外の面倒な業務が現場に割り込んでくることがしばしばです。人事担当者なら、地震・台風が目立てば避難訓練や防災用品の準備をする。国の施策にもとづく各種制度の導入、古くはマイナンバー制度やストレスチェック制度の立ち上げ、健康情報の取扱規定作成などは大仕事といえますし、採用業務はもはや通年化しました。

02　発病しやすい状況と管理監督者の役割

　発病しやすい状況は何十種類もあり、精神障害の労災認定基準に網羅されていますが、本節では最重要なポイントを示します。

1 ｜ 減短高並の職場

　減短高並についてもう少し解説すると、この度合いがとりわけ強い業種は、システム開発や企画立案系の職種（公務員、金融保険、人材コンサルタント、出版・マスコミ）です。複数のプロジェクト・案件を同時並行（パラレル、マルチタスク）するのが普通で、そこに飛び込み、割り込みの仕事が入ります。問題は各プロジェクトの山場が重なった時では、優先順位が錯綜し長時間残業にならざるを得ず、しかも締め切り厳

---

4) 発病に過重労働やモラハラが大きく関係していると、労務災害と認定されるリスクが高まります。長時間残業としては直近の残業時間が単月で160時間、2カ月連続で月120時間、3カ月連続で月100時間という基準があります。

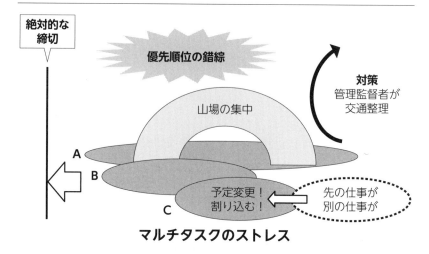

図表2-3　発病しやすい状況と管理監督者の役割

絶対的な締切

優先順位の錯綜

対策
管理監督者が
交通整理

山場の集中

A
B
C

予定変更！
割り込む！

先の仕事が
別の仕事が

マルチタスクのストレス

守で仕事の質や精度も落とせない状況になります（**図表 2-3**）。

　重要なことは、この状況を管理監督者が少しでも軽減することです。それは複雑なことではなく、管理監督者がチームをまとめ、仕事の計画を立てること、つまりは人材管理と業務管理の充実で、その手段はコミュニケーション（報告、連絡、相談）の強化です。

2 ｜ コミュニケーションの目的は仕事の交通整理

　減短高並の職場ではハイパフォーマンスの社員も過労に陥り、脳血管疾患や心血管疾患での在職死亡のリスクが高まります。管理監督者は不調者だけでなく、ハイパフォーマーや仕事の山場を迎えた社員にも声をかけ、報告・相談を促しましょう。

　優先順位が交錯している社員に対して、管理監督者は部下に優先順位づけを求めるのではなく、この判断を代理・代行する、要するに業務の交通整理をすることがポイントです。

3 | 管理者は指揮官で安全配慮義務の担い手

　また職場は個人事業主の集合体ではないから、業務管理と人材管理の最終責任は管理者にあります。しかし、ともすると管理者は個々の社員に、自立して一人で問題解決ができることを求めますが、それは理想主義です。そんな職場はチームではなく単なる集団（グループ）に過ぎません。組織は毛利元就の三本の矢であるべきです。

　管理者は指揮官であり、就労中の社員も含めて、それなりの戦力になってもらわないと、総力戦は乗り切れません。

　くどいようですが、自分ではチームをまとめたり計画を立てられない社員には、それを代行するのが使用者の役目です。また管理者がこれらのすべてを主任や係長などの監督者に任せきりにするのは任務放棄です。発病のリスクが高まった時ほど、管理者－監督者間の意思疎通が重要です。

　また安全配慮義務の最終責任は管理者ですから、管理者自身の立場を守るためにも、この意思疎通は欠かせません。

03　メンタル不調と労働者本人の個体側要因との関係

　前述したようにメンタル不調はストレスだけではなく、個体側要因も大いに関係するので、個体側要因を理解するとメンタル不調者対応が楽になります。

1 | メンタル不調は職場のストレスだけで起こる？

　さてここで個体側要因について理解を深めるために、少々思考実験をしてみましょう。

　現代社会での共通認識である「メンタル不調はストレスにより起こる」という見解は妥当でしょうか？　もちろん間違いではありません。ストレスチェック制度をはじめとして厚労省の施策や各種の判例では、不調はストレスで起こることになっていて、個体側要因については事実上、無視されています。

　仮にストレスだけで起こるとするなら、メンタル不調は製造現場の地下室や閉鎖空間におけるガス中毒にたとえられます。ガス中毒の発病に関係するのは、社員の体質や生活習慣のような個体側要因ではなく、有毒ガスの濃度です。

　不調者が一人でも出た職場では有毒な「ストレスガス」が満ちているので、病気の重さは別にして、いずれほぼ全員が発病することになります。治療は何より「ストレスガス」から切り離す、つまりは休職です。また同じ職場に復帰すれば再発するので異動をすれば完治するはず。しかし、現実のメンタル不調にそのような性質はありません。

　実は、メンタル不調は高血圧症や糖尿病と同様に、その人の体質や生活（労働）習慣が大きく関係する病気なのです（参考文献　井原　裕著『生活習慣病としてのうつ病』　弘文堂　2013年）。

　なぜこのようなことを延々と書いたかと言えば、世間一般には、「メンタル不調はストレスだけで起こる」という一面的な認識があるからです。使用者にもその傾向があり、不調者が出た場合、上司は自己責任と負い目を感じますが、長時間残業やモラルハラスメントのような業務上の要素が乏しければ、その必要はあまりないのです。

海外の研究によれば、個体側要因はストレスと同等以上に発病に関与[5][6]するのです。これに着目してはじめて不調者の職場復帰と就労支援が成り立ちます。

　不調者の個体側要因や個性、特性に合わせた支援の方が、単なる残業時間の削減や配置転換というものより有効とは思いませんか？

　また、不調者自身が自分の個体側要因を知ることは、病気を克服する上でも有用です。

　本書では個体側要因として働き方特性の歪みを重視します。すなわち計画性と協調性およびコミュニケーションなどの歪みに着目して、マネ下手系、愛憎系、指示待ち系という3タイプに分類[7]しました。これらの特性は誰もが多かれ少なかれ持ち合わせていますが、その度合いが強いと発病しやすくなります。

2	働き方特性の歪んだ人材—— マネ下手系、愛憎系、指示待ち系

　この分析は「協調性 – 自己中心性」、「計画性 – 無計画性」、「適切なコミュニケーション – 不適切なコミュニケーション」という軸をもとにして行います。

1) マネ下手系——マネジメント下手

　計画性に欠ける人たち。業務の目的、目標にどう到達すればよいかを

---

5) 発病にはストレスだけでなく個体側要因も関与するという考えは、欧米では当たり前で、たとえば米国立労働安全衛生研究所の職業性ストレスモデルにも明示されています。
6) 産業保健スタッフの用語では、ストレスや個体側要因を知ることを「気づき」といいます。気づき、とりわけ己を知ることは病気との闘いに必要ですが、それが難しいのがメンタル不調というものの本質の一つです。
7) ちなみに、以下の解説ではわかりやすさと読者の業務支援のため、類型化という手法（性質などが共通するいくつかの項目を類型としてまとめる）を使っていますので、必ずしも医学、心理学的に厳密とは限らないことをお断りします。
　なお本書でいうコミュニケーションとは、職場における報告、連絡、相談のことです。

あまり考えず、闇雲に働くので成果は乏しくストレスをため込みます。計画の立て方がわからなければ、上司に報告、相談して助言をもらえば良いのに、それができない。

2) 愛憎系[8]

もともとはコミュニケーション能力や計画性はあるのに、協調性に欠けるため、人間関係に好き嫌いを持ち込み、チームワークを損なう自己中心な人たちです。協調性が乏しければチームワークを活用できず、仕事を一人で抱え込み孤立します。

3) 指示待ち系

愛憎系ほどではないにしても協調性に乏しく、必ずしもマネ下手ではないけれど、仕事の目標を理解し計画を立てる意欲に欠ける人たち。報告、連絡、相談をするための素質はあるが、年齢にふさわしい人生経験が著しく乏しいので、その能力が開発されていない人たちです。

ちなみに3者に共通するのは「素直でないこと」です。いささか単純化しすぎかもしれませんが、素直さは労務提供能力の重要な一つであり、能力の向上にも直結します。

04
マネ下手系──マネジメント下手とは

まずは**図表 2-4** を見てください。これらが多くあてはまればマネ下手系で、社員全体の5〜7％はいるでしょう。「担当者レベルでマネジメ

---

8) ここでいう愛憎系は、心理学的に表現すると愛着障害のある人々のことです。

計画性に問題があり、長時間労働になりがち
☐ 計画性が乏しい、段取り下手、時に遅刻魔
☐ 優先順位をつけるのが苦手でマルチタスクで混乱
☐ ローパフォーマーだが、それを自覚していない
☐ 部分にこだわり全体や流れを把握するのが苦手
☐ 関心のない仕事は先送りし、締切が守れない
☐ 指示命令を無視し、自分流の仕事をすることも
☐ 場の空気が読めず不適切な発言がある
☐ 会話がかみ合わない
☐ 文章の要約や報告 (特に進捗状況) が苦手
☐ 事実ではない回答をする (記憶違い、取り繕い)

ント能力が求められるのか？」と思う読者もおいででしょうが、当然、求められます。担当者レベルでも、業務の計画を立てたり、優先順位をつける能力が必要で、これらは業務管理能力のすべてではないにしても重要な能力です。

例　資料作成業務をしている時に

　インターネットで検索した情報のうち、優先順位をつけて重要なものを抽出する。それをオフィス等で数値化、図示する作業をしていると、突然、上司から飛び込みの業務を頼まれた。この状況で資料作成が先か、飛び込み業務が先かという優先順位が付けられれば、「飛び込み業務を先に片付けて、資料作成に戻ろう」という適切な計画が立ちます。ここで資料作成業務を優先すれば、上司の反応は想像できるでしょう。

---

1 ｜ 計画的に働くのが苦手

　仕事の計画を立てるには、仕事の部分と全体、およびその流れを把

握・予測し、優先順位をつける能力が必要です。マネ下手系の社員は、無計画で仕事に無駄があり、パフォーマンスが低く長時間残業になりやすい。自分に関心のない業務は先送りし、締め切りが守れない。時に時間の感覚が乏しく遅刻常習犯であることも。

　以下はマネ下手系のシステムエンジニアの言葉です。彼はローパフォーマーと思われ、しばしば上司の指示命令を無視し自分流の仕事をするので、迷惑がられています。

模擬事例　あるマネ下手系技術者の発言

　上司やプロジェクトリーダーから優先順位をつけるのが下手、無計画な働き方だと言われ、自分もそう思う。どうも自分は業務の部分にこだわってしまい、全体像を俯瞰することができない気がする。だから仕事の優先順位をつけることができないので、計画を立てることが苦手。

　それから、ついつい仕事を先送りしてしまう。

　確かに無計画で要領悪いけど、残業すればなんとかなる。いよいよとなれば徹夜すれば良いから。でも、最近の会社は残業に厳しくなったから困っている。

　上司から色々叱られても、自分は楽観的だから、気にしないことにしている。

注) 彼の発言で特に下線部が重要ですが、このような「気づき」があるマネ下手系は例外で、ほとんどのマネ下手系は「気づき」に乏しい。

---

2 ｜ マルチタスクで混乱

　マネ下手系は同時並行の業務で混乱しやすいです。というのは自分の関心のある作業領域にこだわり、全体像や仕事の流れを見失うことが多いからです。

　前述したように現代では、要員減のもとに締め切りが短く、業務に高

精度・高品質を求められ、そして複数の仕事を同時並行で行わなければなりません。そのためには業務の部分と全体を同時に把握しつつ、仕事の流れ、先を読むことが大切です。マネ下手系の社員の情報処理には以下の2つの特徴があります。

マネ下手系の情報処理の特徴

1. 目や耳からの情報あるいは脳裏に浮かぶイメージについて、部分と全体の両者から処理できず、部分にとらわれる（シングル・フォーカスの情報処理）。

2. 複数の情報の流れ（層、トラック）を同時に処理できない（モノ・レイヤーの情報処理）。

　マネ下手系の社員は、その学歴に関係なく、マルチタスクで混乱しやすく、計画を立てることが苦手なので長時間労働になりがちです。また、ローパフォーマーなので管理監督者から注意や叱責を受けやすい。その発病は労基署から業務上と認定されやすいので、マネ下手系では何より残業の制限が大切です（第3章12節：発達障害が疑われる社員への対応）。

---

3 ｜ 自分では気づいていない

　実に大事なことですが、マネ下手系社員の多くは、自分のローパフォーマンスに気づいていない。それは自分自身を客観的に理解（自己理解）する能力が低い、単純な表現をすれば、反省が苦手なのです。

　従って、仕事のミスに対して注意・叱責をしても本人は十分理解できず、当惑や怒りを感じる場合が多いのです。皆と同じように仕事をしているつもりなので、「なんで自分だけが叱られるの？！」というように。

マネ下手系の社員の多くは、就職してからローパフォーマーとして顕在化しますが、高学歴（院卒）や有名大学卒の人もいます。なぜかと言えば学校の試験は体育系、芸術系の実技を除いて、ペーパーテストなので正解があります。

しかも問題は直列に並んでいて、マルチタスクではありません。物理、日本史の問題を同時に解きながら、英語の聞き取り問題を解くような試験はまずありません。

つまりペーパーテストはシングルタスクの課題なので、数値計算や暗記力のような個々の処理能力が優れていれば高い点数がとれます。繰り返しになりますが、現実の職場では、製造業も含めマルチタスクの世界です。

愛憎系とは

このタイプの人材は、今後急速に増えていきますので、ここを理解すると人材管理に役に立つはずです。

愛憎系の人とは、プライドの歪みがある人で、その多くは自分に自信が持てず傷つきやすく、他人の評価に過敏で一喜一憂します。またホンネを出さず、メンツ重視、ええかっこしいの人です。自信やプライドは仕事や私生活の上でなくてはならないものですが、度が過ぎる、すなわちプライドが高すぎる（高飛車）、あるいは低すぎる（卑下する）と、同じ環境でもストレスを感じやすいのです。さらに人間関係を敵味方でみやすいので、特定の人との人間関係がうまくいかず、メンタル不調に

愛憎系　協調性に問題
☐ 自分に自信がなく傷つきやすい
☐ 他人の評価に過敏、どう思われているか心配
☐ ホンネを出さず、ええかっこしい
☐ 人間関係を敵味方でみる
☐ 苦手な人、嫌いな人がいる
☐ とても負けず嫌い
☐ 他責的　ミスを他人や環境のせいにする
☐ 相手によって態度が変わる二面性がある

愛憎系の見分け方
ねぎらいやほめが通じない (素直に喜ぶことをしない)

なりやすいとされます（**図表2-5**）。

1	**自分に自信がなく評価を気にする**

　自分に自信がない、自分が嫌い、露骨にいえば自分を憎んでいる、しかも「他人が怖い、嫌い、妬ましい」と同時に「他人に嫌われたくない、高い評価を受けたい」という矛盾したココロに原因があります。

　だから、他人からどう思われているかがいつも気になります。他人の評価を気にすることは、現代人には多かれ少なかれ当てはまりますが、限度を超すと仕事のパフォーマンスが低下します。すべての関心事は公私にわたって自分がどう思われているかであり、他人の評価に一喜一憂し、「できる社員と思われたい」、「できない社員と思われたくない」という欲求が行動原理になります。

　健康な社員なら、仕事に奮闘し良い成果を出せば評価が高まると考えて行動します。しかし愛憎系の人では、仕事の成果よりも見かけを重視

する（ええかっこしい）という本末転倒の発想をすることもあります。たとえば「報告・連絡・相談はできない人がするもの。できる社員は自力で問題解決する」というふうに。

　また、上司や同僚の評価が一番の関心事であるから、仕事ができる人に嫉妬しやすい。特に同世代、同性の仕事ができる人をライバル視してチームワークをないがしろにします。

　以上から、愛憎系の社員は人間関係の不具合を起こしやすいのです。そこで彼らは、少しでも人間関係を保つために、以下の2種類の方法をとりますが、これらは心の内面を隠す装い、仮面ともいえるので、それがバレれば「表裏のある人」と感じられて裏目に出ます。

1）アクティブな言動で周囲の好感度を増す

　積極的で率直な発言から、みかけはできる人ですが、近くで接していると「高飛車な人」です。こういう愛憎系は日本では少なく、海外で多いタイプです（陽性自己愛）。

2）謙虚で控えめな言動で周囲の好感度を増す

　日本人の長所は謙虚で控えめなことで、現代でも依然として好まれる人柄です。でもねぎらいやほめが通じない。相手を評価しても反対の反応が返ってくるため、最後は不快感を持たれます（陰性自己愛）。

2 ｜ 本音を言わない──適切な自己主張が苦手

　高い評価を受けたいことの裏返しは、失敗しない、嫌われないこと。だから、ホンネを出して嫌われるリスクを徹底的に回避します。

　相手の前ではイエスマン、陰では文句たらたらというウラオモテ（二面性）のある人はどこにでもいます。しかし行き過ぎれば人間関係でトラブルが起き、本当の自分の気持ちがわからなくなり、最後は自分の思

考と行動に一貫性（自我同一性）がなくなり、「二重人格なのでは？」とも思われてしまいます。ええかっこしいの表現をすれば、「愛憎系すなわち愛着障害の人は自我同一性が低い」と言えます。

以下に愛憎系でよくある、人間関係の行き違いを示します。

模擬事例　係長　男性　　山田社員　3年目の女性

係長　「山田さん、今回の案件、本当に頑張ってくれました！」
山田　「そんなことないです、全然。大して頑張っていませんから」
係長　「……？」（私が評価し感謝しているのに、こんな反応か⁉
　　　　普通は「ありがとうございます」だろ？　ひねくれた社員だな。）

実は山田さんは内心では大喜びでした。なぜなら彼女は密かに係長にあこがれていたから。とっておきのワインをあけて、一人乾杯をしました。係長も実は山田さんを評価していたのですが、この日の彼女の反応に複雑な思いでした。「ひねくれた人なのは残念だ！」と缶チューハイを一気飲みしたほど。ストーリーは続きます。

模擬事例続き

係長　「すまないけど、この仕事手伝ってほしいのですが」
山田　「わかりました」（それ苦手だよ、本当は嫌、でも係長に嫌われたくない！）
……（中略　　以上の繰り返し）

係長　「山田さん、頼みがあります。この仕事、ちょっと手伝って欲しいのです」
山田　「わかりましたァ！」（きつい目つきで不満そうな口調で）
係長　「なにそれ、嫌なら別にいいから」
山田　「やります、やれば良いのでしょう」（やばい、嫌われた！）

　愛憎系ではなく、単に自分に自信が持てない社員は、それをバネにして仕事に奮闘します。その結果、仕事が面白くなり、仕事そのものにやりがいを感じてモチベーションが高まります（内発的動機付け）。

1) ライバル心

　しかし、愛憎系の人では、高い評価を受けることがモチベーションになる（外発的動機付け）ので、そうしてくれない上司には不満と怒りが生じ、最後は敵視し（憎み）ます。また高い評価（愛）が欲しいので競争心が強まり、特定の社員をライバル視するようになります。ライバル視する相手は同性、同世代、類似の地位や身分の人が多いようです。

2) 敵味方で人間関係をとらえる

　彼や彼女は、敵視する上司やライバル視した同僚（憎む人々）のことをいつも考えます。逆に少しでも自分を評価（愛）してくれる人を味方とみなします。そして味方に依存し、自分にとって価値がある、役に立つ点で理想的な人とみなし、甘えます。あたかも無条件の愛を注ぐ理想的な親をイメージし、会話、行動します。

　自分にとっての味方という関係が永続すれば、楽しい職場、快適な私生活になるのですが、現実はそうはいきません。職場の人間関係は親子関係と違って無条件の愛（＝高い評価）はありえません。職場の人間関係は、家族間のそれとは異なり、雇用契約という条件付きです。愛や信頼を得る場所ではなく、働く場所です。なのに、今まで味方だと思っていた上司から、ちょっとした指摘や注意をされると、「裏切られた！」とみなし、あっというまに味方が敵になります。

3) ロックオン

　逆に敵視していた上司や同僚が、当該社員を高く評価する時が来ても、味方視することは滅多になく、「ほめられた、何か裏がある！」と警戒します。なぜなら基本的には他人が怖いからです。そしてダメな自分も嫌い。職場の特定の人物を敵味方に分類しがちで、結局、愛憎系の人たちは長続きする人間関係を築けません。

　敵視、味方視は今風にいえば「ロックオン」です。
　一般にターゲットにされていない人は、その人物が愛憎系ということに気づきにくいものです。たとえば、ある社員が課長をターゲットに（敵視）していて、次長には無関心という場合、以下のようになります。

次長　「まさか、課長がそこまで鈴木さんに苦しんでいたとは知らなかった」
課長　「恐れ入ります、でも SOS を発していたつもりでしたが」
次長　「気づかなくてすまない。それにしても鈴木さんは、そうは見えなかったなあ！」

　逆に味方としてのロックオンの場合、ターゲットを言葉巧みにコントロールすることがしばしばですが、敵味方視しない、その他の人にはあまり関心を持ちません。つまり、愛憎系の社員[9]でもターゲットにされなければ、その人との関係に重大な問題は起こりません。

　以上のように、ロックオンされていない上司は、部下が愛憎系であっ

---

[9]　愛憎系の問題行動は特定の相手、特定の状況で起こり、状況依存性があるといいます。これに対して、マネ下手系の問題行動は自宅でも会社でも、誰に対しても起こす傾向にあります（非状況依存性）。状況への依存性を検討することで、真の発達障害（重いマネ下手系）か、発達特性（正常との境界にある発達障害）に類似した愛憎系か区別できます。

ても気づきにくいものです。一方、上司として1～2年接していれば、「彼は見栄っ張りだ」「ええかっこしいの人」「彼女はメンツを気にし過ぎる」という印象を持ちます。

　でも人事異動が2年以内になされる業種の職場では、管理監督者が部下のプライドを把握するのは難しい。むしろ近くで接する同僚や友人のほうが把握しているといえます。

　愛憎系を見極めるポイントは、ねぎらいや褒めへの反応がひねくれていること。ねぎらいは第3章10節で述べます。部下のモチベーションを高める手段ですが、同時に愛憎系をチェックできる有用なコミュニケーションツールといえます。

---

4 ｜ 傷つきやすさ、他責と自責

　愛憎系の社員は物事の出来、不出来を分析する時、その原因を物事の内部よりも外部の人間関係に求めがちです。仕事でミスをすると、自分ではなく他人（敵視する上司、ライバル視する同僚）や組織のせいにしがちです（他責）。とても傷つきやすく、時に自分が不快と感じる相手の言動をパワハラとみなすこともあります。なかには権利を侵害されたと感じ、その恨みを晴らすため係争になる場合もあります（他罰）。逆にメンタル不調になると自責の極に移行し、改善すると元の他責にジャンプします。

　ただし、職場で敵認定したターゲットが存在しない場合、自分のミスではないのに、自分が悪いと一方的に感じます（自責）。なぜなら根本は自分に自信がなく、自分を憎んでいるからです。

　この点がマネ下手系の社員との違いです。マネ下手系は基本的にミス、失敗の原因を他人や環境のせいにします（非状況依存性）。

いずれにせよ、愛憎系の人は自責と他責の間をジャンプし、その中間、「あの人も悪いが、自分にも落ち度があった」という中庸の視点がとれません。一般に発病前は他責で、うつ病になると自責となるので、愛憎系が治ったと思いがちですが、回復すると他責に戻ります。

| 5 | チームワークが苦手 |

さらに愛憎系の社員は前述したように、味方設定した相手を除き「報告・連絡・相談」を軽視します。また仕事ができる人に嫉妬しやすい。その結果、敵視した上司や同僚には不適切なコミュニケーションをするため、チームワークが乱れます。同時に自分ではチームワークを活用できないため、業務遂行能力は、自分だけの能力にとどまり、減短高並（要員減、短納期、高精度、同時並行）の職場では苦しみます。

| 6 | 自己愛性パーソナリティー障害 |

愛憎系の社員は理想主義者です。上司や同僚から好かれ高く評価される理想の自分を想像して、それに近づこうと努力します。しかし理想が高すぎるので、現実の自分が許せなくなります。思い描いた理想の自分と、とるに足らない現実の自分というイメージを気分が上下して、一喜一憂することで脳が疲労して、メンタル不調になる病気を自己愛性パーソナリティー障害（**図表 2-6**）といいます。

男女を問わず自傷行為や摂食障害を合併することが多いのが特徴で、今後いっそうの増加が懸念されます。

図表2-6　自己愛性パーソナリティー障害

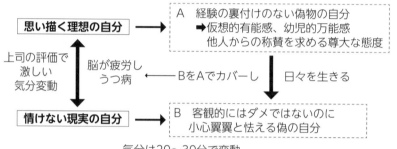

健康な人

思い描く自分	思い描く自分と現実の自分が近接した等身大の人
現実の自分	…できる面もあるしダメな面もあるな

➡私はまあ、こんなものだ

自己愛性パーソナリティー障害

思い描く理想の自分 ➡ A　経験の裏付けのない偽物の自分
➡仮想的有能感、幼児的万能感
他人からの称賛を求める尊大な態度

上司の評価で
激しい
気分変動

脳が疲労し
うつ病 ← BをAでカバーし　日々を生きる

情けない現実の自分 ➡ B　客観的にはダメではないのに
小心翼翼と怯える偽の自分

気分は20〜30分で変動。
他人の称賛というガソリンがないと墜落するジェット機

7	**愛憎系のなりたち**

1）愛憎の二分極を起こす養育の問題

　普通の親の子に対する感情は、基本的に愛で、時に憎（もう、こんなに泣き喚いて、嫌、でも可愛い）で、愛憎という感情は連続的です。これが子どもの心に取り込まれ、基本自分は大事だけれど、自分を好きとか嫌いとか考えず、「まあ、こんなもの」とみなします（**図表 2-7 の下**）。

　ところが愛憎系の親は憎の極（言葉の虐待）と愛の極（溺愛）との間をジャンプします（**図表 2-7 の上**）。

　ジャンプとは DV の夫が妻を殴り妻が家出しそうになると、泣きながら土下座をして謝るような、よくある形式です。

また愛憎系は親の愛情不足で育ったため、大人になっても愛と評価を希求します。モチベーションは上司や同僚から高い評価を受けること。彼や彼女らの職場での最優先事項は良い仕事をすることよりも高い評価（愛）をもらいうぬぼれを満たすことです。その点で基本は自己中心的です。

　また愛憎の感情は自分と他人の双方に向けられますが、根本は自分中心であり、自分についてのイメージ（自己像）も愛の極（うぬぼれ、高飛車）と憎の極（自己卑下、自分嫌い）の間をジャンプします（**図表2-7の上**）。また他者への感情も愛の極と憎の極の間をジャンプし、安定した人間関係を築けません。その意味で、愛憎系の人には人間関係すなわち関係性の病理があると言われます。

図表2-7　愛憎の二分極を起こす養育の問題

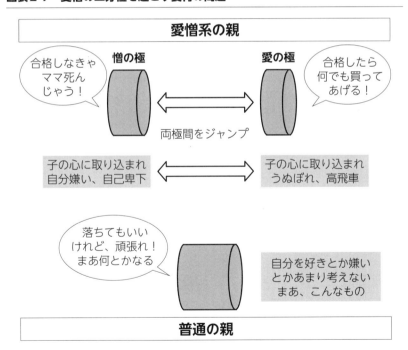

2) 愛と憎しみ　信頼と不信

　実に深い話なのですが、愛憎系の社員は憎む上司や同僚を、自分を虐待や放任で傷つけた親や、自分をいじめた同級生のイメージでみています。心理学的には憎しみはネガティブな愛情とみなされ、愛憎それぞれの対極にあるのは無関心です。でも無関心にはなれない。憎むべき上司や同僚に対して、「私を高く評価（愛）して！」と思っているから。「自分はあの人からは絶対に理解されない」「でも理解して欲しい！」と言う矛盾した気持ちを持ち続けて脳が疲労するので、職場ストレスがあまりなくても不調になります。

COLUMN　三つ子の魂百まで

　このことわざは最近ではほとんど使われませんが、深い意味をもっています。

　三つ子とは三歳の子どもの意味で、満年齢でいえば2〜3歳時のことです。その意味は、2〜3歳時までに形成されたパーソナリティー（人柄や気質）は一生続くというもので、幼児期の養育の重要性を述べています。

　このことわざを筆者が痛感するのは、日々の産業医活動です。

　本文でも述べましたが、たとえば、「できる社員だと思われたい」というプライドが優先され、報連相が不十分になる社員はメンタル不調の予備軍でもあります（働き方特性の歪み）。特に人柄の歪みが大きい人は産業医やカウンセラーなどの支援によっても、なかなか変わらず、このことわざを実感するのです。

　一方、専門職ではないけれど有能な管理職は、本人の人柄や能力の特性を見抜き、それに見合った業務を与え、適切に管理し、それなりの役割を発揮させています。職場全体を見据えてチームでそれをカバーする。いわば働き方特性も踏まえて分業を行い、チーム全体を管理するわけです。

　少子化の時代はダイバーシティ・ワークの時代でもあります。愛憎系、マネ下手系、指示待ち系も含めてチームの中で少しでも役割が発揮できるよう、人事担当者および管理監督者のよき手引きとなるよう本書を執筆しました。

3) 評価を気にし過ぎて仕事がおろそかに

　もう一つの矛盾は結構深刻なものです。

　自分の評価が気になって日夜悩んでいる人は、仕事に集中できなくなり、ミスやトラブルを起こしがちになります。この度合いが強いと、いわゆる発達障害と誤解されますが、よくよく観察すると愛憎系ということもしばしばです。発達障害の頻度が増加したと言われますが、その増加の多くは、愛憎系の増加によると思われます。

　「発達障害」と診断されるケースが急増している。子どもだけでなく、大人もだ。児童の ADHD の有病率は 6％に達し、学習障害は 10％に及ぶ。なぜ猛烈な勢いで増えているのか。一方で「発達障害」と診断されながら、実際は「愛着障害」であるケースが数多く見過ごされている。

出典：岡田尊司著『発達障害と呼ばないで』幻冬舎新書

8	マネ下手系プラス愛憎系

　前節で述べたマネ下手系は、子どものころに家庭や学校で叱られたり、責められることが日常的です。子どもの付き合いもまた大人同様で、しかも遠慮がありませんから、イジメを受けやすく、愛憎系が重なる可能性があります。それに対し、親など家族の愛情が十分注がれていれば、愛憎系の重なりは軽くて、いわゆる「天然」とみられ職場でもあまり問題になりません。

模擬事例1　十分な愛を注がれて育ったマネ下手系

係長　「鈴木君、またミスしているよ！」
鈴木　「やっちゃった！　す、すいません！！」（ぺこぺこ頭を下げる）
係長　「まったく君は！　しょうがないな」（まあ、素直で悪気はない

　一方、愛憎系かつ、マネ下手系は大変です。

　正直に書けば、係争のリスクが大な人材です。マネ下手系のため、コミュニケーション能力が低く、他人の発言を誤解、曲解しやすい。さらに加わった愛憎系のため他責である上に、マネ下手系の、部分にこだわる特性が加味されます。

　権利の侵害に敏感で、使用者を懲らしめたいというこだわりは、係争へのエネルギーになります。マネ下手系プラス愛憎系の不調者では、慎重に業務上の度合いを評価すべきです。

模擬事例2　愛憎系かつ、マネ下手系

係長　「鈴木君、またミスしているよ！」

鈴木　「まったって、どういう意味ですか！　係長がキチンと教えてくれないからです！」

係長　「何度言ったらわかるのだ！　同じようなミスは……これで4回目だぞ！」

鈴木　「それってパワハラではないですか！　弁護士と相談するつもりです！」

　ただし、弁護士、労働基準監督署というキーワードが会話に出てきても、慌てる必要はないし、態度を硬化させてはいけません。挑発に乗らず、「そうですか、弁護士に相談したくなるほど、あなたは怒っているのですね」と返しましょう。多くの場合、うなずきます。つまり、「弁護士や労働基準監督署に相談する」というのはそれ自体を目指すのではなく、怒りの表現といえます。

　一方、真に損害賠償を考えている社員なら、弁護士などのアドバイスもあって手の内をさらさず、時が来るまでひた隠しにします。

　愛憎系が加わっていようがいまいが、マネ下手系は自分の感情を上手

に表現するのが苦手なので、このような露骨な物言いをしがちです。これに対して、マネ下手の混ざらない愛憎系で、なおかつコミュニケーション能力が高い人は、言葉巧みに抗弁するので、相手は言い負かされてしまいがちです。マネ下手系プラス愛憎系において、争いとなる主たる要素は愛憎系です。

指示待ち系

　個体側要因の３つめは読者もご存じの指示待ち系で、最近増加しています。一部の企業人はその原因を「ゆとり教育」としていますが、これは誤りです。親の育て方が過干渉となったために生じた人材です。まずは事例をご覧ください。

模擬事例　親の顔が見たいと思う前に声を聞く

　Ｃさん（48歳）は１部上場企業の、140名ほどの事業所に勤める総務課の課長です。７月中旬、新人のＸさん（25歳、男性、大学院卒）の母親という人から電話がありました。
　「何でお母さんから？」と疑問でしたが、なんと「息子は朝の始業時の体操が嫌だから免除して欲しい」というものでした。本人からそんな話は聞いていません。課長は呆れながらも、「始業時の体操は事業所の安全衛生上の決まりです。また事業所と雇用契約しているのはお母さんではなく、ご本人です。まずは、ご本人の言い分を聞いてみます」と答えました。

　Ｘさんの上司に報告すると以下の情報が得られました。
　彼は自宅通勤で、いわゆる指示待ち人間。積極性に欠けるだけでなく、朝の出勤もギリギリで、時に無断遅刻もあるとのこと。後日、課長がＸさんと話すと、小声で「別に……良いです」という反応でした。

ところが、それ以後、朝の遅刻に加えて欠勤も起こり、お盆休みの直後、1カ月の自宅療養という休職診断書を、これもまた母親が持参したのでした。

　さらに後日、C課長はXさんと面談し、何がストレスなのかを聞くと、「チームを組んでいる係長から雑用ばかり命じられて、ちゃんとした仕事をさせてくれない。不調になったのは係長のせいだ」とのこと。
　その係長は率直な口をきくけれど、仕事も人柄もバランスがとれた人物なので課長には意外でした。「雑用」の中身を聞くと、整理整頓という仕事の基本となる重要な活動で、それを指摘すると、非常に不満げな顔つきでした。

　結局は10カ月間休職し自己都合退職となりました。後々、彼の同期が言いました。
　「彼は、『本当は美容師になりたかった』そうです。でも、学部や院、就職先も親の意向で決めていたらしい。『やはり美容師になりたい』と言って会社を辞めたのです」

---

1 ｜ 仕事へのモチベーションが低い

　少子化の時代、親は子どもの将来がよくなるように必死です。中にはそれが行き過ぎ、自分の子どもを自分の思う通りに育てるために、子どもを過度にコントロールする親が増えてきました。学校にクレームをつけていたモンスター・ペアレントは健在で今度は会社にクレームを入れる（親がかり）のです。

　過干渉な親の行動については、サイト「生活百科」（https://seikatsu-hyakka.com/）が役立ちます。そこでは過干渉な親の行動を10項目あげていますが、重要なものを6つ抽出しました。1）子供の意見を聞かない　2）友達も親が決める　3）親がすべてを管理する（時間、お金）

指示待ち系 意欲と生活経験の不足
□ 仕事への意欲が乏しい
□ 仕事以前の社会習慣が身についていない
□ 報連相だけでなく自己主張をしない
□ 待ちの姿勢で自分なりの目標や計画がない
□ 本当にやりたいことが、わからない
□ 失敗を恐れる、失敗経験に乏しい
□ コツコツ努力するのが苦手
□ 親に誘導された職業選択
□ 親が会社に□を出すことも
□ 不調は10年遅れの反抗期？

4）親が進路を決める　5）子どもの持ち物をチェックする　6）何もかもしてあげる（親がすべてを決めて親がすべてをする）

　何でも親がやってくれるので、欲求が満たされ不満を感じないで育った。だから何事にも意欲が乏しく（草食系）、上昇志向がない。また他人との関係で親がかわりに発言するので、自分の意思を伝えるための会話の経験が少ない。

　指示待ち系の育ち方は愛憎系に似ていますが、子どもとの関係でいえば、親は愛憎の感情よりも支配欲が強く、過干渉・支配的な育ち方になり、子は指示待ち系となります。指示待ち系の極端なものが、ひきこもりです。

2 ｜ 指示待ちと言い訳

　子ども時代から問題解決や意思決定を自分ですることが少なく、これらの能力の発達が不十分なので、就職後は、いわゆる指示待ち社員になります。

それでいて、幼児のころから毎日のように、母親に「なぜしない
の！」と責められてきたので、言い訳は得意です。しかし、職場には事
細かに指図（判断・命令）してくれる親はいないので、仕事をどうこな
してよいかがわからず、能力開発が不十分になりやすい。母親は失敗を
恐れ、そうならないようにコントロールしてきたので、子もそれを恐れ
て、積極的になれません。

　また、会社には色々やってくれる親がいないので、とりわけ新人の場
合「上司や先輩は、ちゃんと教えてくれない」という不満を持ちがちで
す。でも自分から質問、相談はしないという点で、すべてが受け身にな
ります。

---

3 | 本当にやりたいことがわからない

　親から指図された学歴や職業選択ですが、社会に出て職場で同僚たち
と交流することで、本能としての自立心が芽生えていきます。自分の意
思で決めたはずの就職先も、実はそうではなかったことに気づいて、
「本当は何になりたかったのだろう？」と振り返ります。

　子どものころに抱いたのに親から否定された夢を懐かしく思い出す。
ゲーム作家、漫画家、アーチスト、スポーツ選手、芸能人などのような
ものです。その夢が楽しく感じられるほど、現実の職場に苦痛を感じま
すが、どう行動すれば良いのかわからず、うつ状態になります。

　ある意味、このうつ状態は大人になってやってきた反抗期で、かつ不
登校のようなもので、薬はあまり効かないし、業務の調整や異動の効果
も限られています。親の意向を気にするから、会社を辞めるに辞められ
ず、くろうと問題のく（くりかえす休職や欠勤）になります。

4	打たれ弱い

　子どもに失敗をさせたくない、という親心が裏目に出て、失敗や挫折経験が乏しい良い子に育ちます。叱られた経験があまりないので、打たれ弱い。最近では上司に指摘され泣き出す男子もいます。

　親を恐れ、相手の言うままになるとズブズブの泥沼になるので要注意！　親と雇用契約を交わしているのではないことを、しっかり示しましょう。

5	社会性の未熟さと欲求の歪み

　以上のように、指示待ち系の本質は社会性の未熟さです。一部の家庭では、家事のお手伝いすら「勉強に無駄なこと」と考えそれをさせない。実は、風呂洗いや食器運びのようなお手伝いは、作業の計画性や優先順位をつける上で大いに役立つので、就労の事前演習になるのです。

　親が過干渉で子どもに学業ばかりを求め、それ以外は親が肩代わりするので、子どもなりの人生経験（苦労）が乏しく、問題解決能力とストレス耐性が低いのです。

　何でも親が先回りしてやってくれて、苦労した後の達成感を経験することなく育ったので、仕事にやりがいを持ちづらい。別な表現をすると、指示待ち系は欲求の歪みが本質です。親が何でもやってくれることは、親による人生経験の剥奪で欲求不満になります。その半面、自分は何もしなくても欲求がみたされるから無欲になる、意欲が低下するのです。

　すなわち欲求不満と無欲（モチベーションがない）の間で気持ちが左右される。これは愛憎系において、愛と憎しみに左右されることに似ています。

10年遅れの反抗期
無断欠勤や行方不明も

　中には入社早々、支配的な親に反発して無断欠勤や行方不明となる新人もいます。"よい子"で育った反動から、自分探しの旅行をする、いい大人が"やんちゃ"をする。愛憎系に近い指示待ち系では、酒の一気飲み、違法薬物使用、ギャンブルにふけるなどの衝動的行動もあります。親にとっては想定外の行動です。10年遅れの反抗期ですが、会社はたまったものではありません。

　そこまで行かなくても、61ページの模擬事例のようにメンタル不調を経ての自己都合退職になることもありますが、これはこれで価値があります。なぜなら、生まれて初めて人生の重要な選択を、自分の意思で決めたから。これは自立への大きな一歩になります。

　もちろん転職先はいろいろありますし、働きながら大学院を目指すというものまで、ピンからキリまでありますが、野暮な批判は控えましょう。せっかくの自立のチャンスです。その人の人生は、その人に任せましょう。むやみな慰留の説得は支配的な親のすることで、また元に戻ってしまう恐れがあるからです。

07
個体側要因の乗り越えさせ方とは

　以上に述べたようにメンタル不調の克服には、ストレス対策だけでなく、個体側要因のかかわりを少しでも減らすことがポイントです。本節では個体側要因をどのように乗り越えるかについて述べます。

　使用者にとって心身の不調の有無にかかわらず、社員の能力（成果ではない）と人柄を適切に評価することは、業務管理と人材管理の上で非常に役立ちます。

1）生産性向上と不調の未然防止

　健常な社員の働き方特性（不調者での個体側要因）と労働の特性とをマッチさせる適性配置は組織の生産性を高め、メンタル不調を未然防止し、各種のリスクを減らす有力な手段の一つです。筆者の産業医としての経験からいいますと、労働時間管理と適性配置を実行すれば発病と休職はかなり減ります。

2）職場復帰支援と職場適応のため

　不調者とりわけ休職者や、休職歴のある社員においても能力と人柄（個体側要因）を評価することは、職場復帰先の決定や業務の調整する上でとても有用です。

　たとえばマネ下手でも、シングルタスクは OK のことが多い。限定された業務で一芸に秀でていれば、専門職として働くことも可能です。また一芸に秀でていなくても、一定のルーチンワークならこなせましょ

COLUMN　能力評価を差別する　という差別

　「メンタル不調者の能力と人柄を評価すること」に抵抗のある人もいるでしょう。しかしそれは、使用者が健常者に対して行うことを、不調者に対しては避けるという差別につながりかねません。不調であろうとなかろうと、雇用されている社員に対する扱いに差をつけるのは問題ではないでしょうか。

う。愛憎系や指示待ち系では職場秩序が整って、社員間の競争が程ほど
の部署なら、馴染める可能性があります。

　ちなみに筆者は地図が読めない人間で、自動車の運転はできません。
「ナビがあるだろ？」と読者は思うでしょう。でも筆者は徒歩でも道に
迷いやすく、スマートフォンのグーグルマップを使っていても目的地に
行くのに苦労します。そんな私には運輸・交通、営業系の仕事は無理で
す。

2 ｜ 個体側要因の評価方法

　休職した社員における個体側要因の評価は以下のように行います。

個体側要因の評価方法

1. 人事担当者は所属の管理監督者に、当該社員についての協調性、
　計画性、報告・連絡・相談のスタイルについて聞き、問題があれ
　ば、

2. 個体側要因の大きなメンタル不調と想定し、管理監督者に対し、
　さらにこれらについて観察してもらい、その結果を記述する。

3. 記述したことを所属の管理監督者等と協議、分析する。

　社員の言動のうち、何をどのように分析するかといえば、ここでもケ
チな飲み屋サイン（22ページ）が有効です。そこでのポイントはケチ以
外の項目です。

1）泣き言　人間関係と協調性

　特に仕事や人間関係についての愚痴や不満は大事で、ソフトな表現で
も不安や怒りの感情が込められており、その人の協調性について評価の
可能な情報です。

模擬事例　山下係長（35歳、男性）の不満

　ある課長は、部下の山下係長から「仕事が辛いです。」という泣き言をきかされました。「課長は何で私にばかり仕事を回すのですか？鈴木係長にも振るべきでしょう！」とも言います。

　課長は「山下係長は高ストレス？」と思いつつ、課のチームワークや組織の業務遂行能力を振り返っていました。そのうち山下係長は感情的になり　「鈴木係長とは一緒に働けません。彼か私のどちらかを異動してください、それが無理なら私は仕事を辞めることも考えます」と言われてしまいました。

　課長は山下係長が怒っていることは事実にしても、協調性のなさ、自己中心性を感じ、愛憎系とみても不思議ではありません。

　よくある不満として「私にばかり仕事がくる」という被害者的な発言は、その妥当性は別にして職場で孤立していることを示します。また個体側要因の強い人では考え方が他責的で、自分のしでかしたミスやトラブルも同僚や上司、組織のせいにします。「私にばかり」「わかってくれない」「ちゃんと評価してくれない」「○○してくれない」というのは愛憎系ならば定番です。

　また、愛憎系のチェックリストと模擬事例で示したように、ねぎらいや褒めへの反応が素直でないことが多いです。

2) 能率　計画性

　前述の模擬事例で、ほぼ同じ難易度の業務を与えているのに、山下係長の残業時間が、鈴木係長のそれより月50時間長いとすれば、課長は「能率が悪い、山下君は要領が悪いのでは？」と感じ、彼の業務の進め方、準備の仕方という計画性について検討するでしょう。そしてマネ下手系プラス愛憎系（59ページ）であることに気づくかもしれません。

3) ミス、トラブル

　同じミスを何度も繰り返す、課の内外で人間関係のトラブルを起こすとなれば、マネ下手系や愛憎系かもしれません。「何度いったらわかるのだ！」と言いたくなる部下はマネ下手系の確率大かもしれません。

4) 辞めたい

　これには退職意向だけでなく模擬事例で述べた異動希望も含まれます。どの課に行っても、なんやかんやの後「異動希望」を出す社員は、人間関係を処理する能力が低く、愛憎系や指示待ち系かもしれません。

3 ｜ 使用者自身を守るための留意点

　前述したように、現代のメンタル不調はその土台に個体側要因があり、3節で述べた特徴に加えて、以下のものがあります。

現代のメンタル不調の特徴

1. **選択的うつ**　仕事のみのうつ⇒　趣味・私生活はある程度 OK

2. **他責的ときに他罰的**　時に責任を明確にするために労働基準監督署や弁護士に相談、訴訟するという発言もある。

3. **要求的**　異動希望が強い。不調で欠勤やパフォーマンスの低下があるのに、「こんなに頑張っているのだから、もっと高い評価をして欲しい。」という評価への要求も少なくない。

4. **勤怠問題が多い**　無断欠勤・遅刻が多く、生活リズムが崩れやすく、若手社員では深夜まで SNS やゲームに興じることもある。

5. **薬物が効きにくい**　薬物と環境調整だけでは復帰困難で、リワークやカウンセリングが有効なのに、世間体からそれを拒む。

以上をみれば、使用者ではなくても「本当に病気なのか？　怠けじゃ
ないの？」と当惑し不満を持つし、士気の低下（第4章Q12）も起こり
ます、社員も人間ですから。でも、愚痴や不満を口にできる立場ではな
いので、本当に大変です。カウンセラーではないのに、自分の感情を抑
えて不調者への理解や共感をするのは、かなりのストレス。不眠症にな
る方も少なくありませんが、対処法と考え方は以下の通りです。

不調者対応をする使用者のストレス対処法

1. まずは自分の体調管理を最優先にする。
2. くろうと問題への対処は、急ぐ必要はない。
3. 誰が対応してもうまくいかないケースが多いことを知る。
4. 使用者同士で愚痴をこぼしあう。

　4の有効性は、産業精神保健の研究でも確認されていますので、積極
的にやりましょう。

---

4 ｜ 個体側要因の克服法

　一部の読者は、個体側要因を持つ人々を、仕事になじめない人々と偏
見視するかもしれません。でもそれは間違いです。

1）愛憎系に向いた職業

　今までは愛憎系について否定的に書きましたが、実は芸術、スポー
ツ、営業職に向いているのです。人から好かれたい、認められたい、評
価されたいという強烈な欲求（エネルギー）があるから、コンテストや
オーディション、試合、営業目標達成に奮闘します。

　サルバドール・ダリは有名なシュールレアリズムの画家ですが、極め
付きの愛憎系（陽性自己愛）で、鼻持ちならない高飛車な人物だったそ

うです。しかし抜群の感性、描画能力を持っており、画家として大成しました。同様にパブロ・ピカソも愛憎系と私は思います。詳しい理由はあえて書きませんので、関心のある方はインターネットなどで検索してみてください。

　最後は夏目漱石です。東京帝国大学の英文学講師でもあったのですが、前任の小泉八雲に非常なコンプレックスを抱き、「神経衰弱」という病気で苦しみました。

　ちなみに「神経質」もメンタル不調になりやすい個体側要因ですが、減短高並の職場では優れた資質といえるので本書では割愛しました。

　もう一つ愛憎系の人が活躍できる職業が、医師をはじめとした医療、保健職、カウンセラー、ソーシャルワーカーなどの対人援助職です。自分に自信がない、自分が嫌いな人にとって他人の役に立つことはかけがえのない喜びなので本当に頑張ります。筆者の患者さんで、パニック障害のため仕事をやめ、専業主婦になった女性がいました。引きこもりに近い日々でしたが、「人の役に立ちたい！」という気持ちがあって、中年すぎてからカイロプラクターになり、今では生き生きと働き、きちんとした収入を得ています。

　ただし愛憎系の人が皆、これらの職業に向いているわけではないのは言うまでもありません。

2) マネ下手系が力を発揮するには

　自分の仕事を管理するのが苦手な人でも、担当者として秀でた能力がある場合、上司が仕事の管理を代行すれば、それなりにうまくいきます。プログラミング能力が高い技術者なら、プロジェクトリーダーが、彼の仕事の段取りを管理すればいい。たとえば、2日に1度、進捗状態をチェックし、必要な指示をする。細かなことにこだわり始めたら、リ

ーダーは自分が決めた計画が達成されるように促すのです。

　要は芸能界でのマネージャーの役割を果たす人がいれば良いのです。歌は抜群にうまいけれど仕事の計画が立てられず、遅刻したり道に迷ったりする天然系の歌手ならば、マネージャーは「明日、迎えに行きます。午前11時に電話します。それまで寝ていてください（あなたは歌を歌ってさえすればよい、管理は私がします）」というように行動するでしょう。

　能力というものは大きな個人差があります。それは太古の昔から同じで、狩りはからきし駄目だけれど、槍を作るのは上手という人もいたでしょう。こういう人は一人では生きていけません。でも、一族というチームを作って分業を行い、族長が管理を行い、この槍作りがうまい人にも、狩りの上手な人と同様に食料（獲物）を分配するでしょう。

　分業とチームワーク、そして管理というものは、原始時代にもあったのです。減短高並ではなく、怖い猛獣がいて飢えることもあるけれど、果実や草食獣が多ければ腹いっぱい食べて楽ができる職場です。予算も締め切りも、マルチタスクもありませんし、スマホもないので早朝上司にたたき起こされることもない。ある意味、現代より幸福な時代だったかもしれません。

3) 心技体というもの

　さらに言えば、人間には種々様々な特性（資質と能力）があって、身長、体重、筋力、視力、聴力などの身体特性から、手先が器用、細かい作業が好きという技術的特性、そして知情意すなわち知性、感情、意志という心の特性があります。

相撲でいうところの心・技・体ですね。だから、ある特性が優れてい
ても、ほかの特性が劣っていたらうまくいきません。

　心・技・体という3種の特性にバラツキがあれば、いくら努力しても
スポーツではうまくいかないのです。逆に、体格と筋力が劣っていて相
撲では幕下どまりだったけれど、心（知情意）が優れていて、力士廃業
後に体育系大学院で学んで修士になれば、夢みて叶わなかった幕内力士
どころか、横綱・大関すら指導できる可能性が生まれます。

4) 個体側要因と労働要因がマッチすればよい

　つまり個体側要因それ自体が問題ではなく、その程度や他の要因、さ
らには職場環境つまり労働特性や管理者のコミュニケーションスタイル
など様々な要因によって、不調にもなれば生き生きと働くこともありえ
ます。

　以上のことを理解したうえで、個体側要因をもった人に対する偏見を
防ぐことが大切です。しかし最近は、逆に「人権、個人情報保護」を一
面的に解釈して「不調者のルール違反を叱ってもいいのか？」という情
けない見方や「自殺でもされると嫌だから、異動までのあと4カ月は様
子見にしよう」という管理放棄の風潮も根強いので、一面的なものの見
方について注意を喚起しました。

　いずれにせよ、個体側要因を把握すると、メンタル不調者への合理的
配慮が進みます。

5) 減短高並のストレスを乗り越える職場

　ストレスフルだけれど不調者が少ない不思議で素晴らしい職場もあり
ます。

　そんな職場では、減短高並のストレスを防ぐ仕組みがあるのです。

> **減短高並のストレスを乗り越える3条件**
> 1. 協調性によるチームワークで組織の労働生産性は個々の社員の力量の和を超え、
> 2. 業務を適切に遂行するための計画性があり、
> 3. 以上のための適切なコミュニケーションがなされている。

　協調性や計画性の乏しい社員がいても、これらを満たすために管理監督者が本人に代わって代理・代行すれば大きな問題は起こりません。上記3条件のある職場では不調者は少ないし、労働生産性も高いといえます。逆にいえば人材管理のエッセンスは個人と組織の協調性と計画性を維持向上させることに尽きます。

　以上の条件を検討すると、行き過ぎた成果主義は、社員間の協調性を損ない生産性を妨げる場合もありましょう。

　筆者はかつての我が国がやっていた能力主義のほうが、成果主義に勝ると思います。また成果主義では、ともかく成果を出すために長時間労働になりやすい。この制度は労働時間管理の厳しい欧米において有用と思われます。

第 **3** 章

具体的な対応方法

01 対応についての基礎知識

　以下ではメンタル不調の治療に関する初歩的な知識、医者の選び方や家族の関わり方などについて示します。

1 ｜ 医療機関はどこが良いのか？

1）何科に、どのようにかかるのか？

　心の病気、職場のストレスによる病気は、○○精神科・神経科、○○心療内科、○○メンタルクリニック、○○ストレスクリニックなどが専門医です。問題は予約待ちの多いことです。2週間が普通で中には新患は3カ月の予約待ち、というような「超人気」のクリニックもありますが、これでは医療を受けられません。

　初めて受診する場合は、上司や人事担当者はあらかじめ、電話で予約状況を確認してみましょう。勤怠が不良の場合は、2週間以内の予約で診てもらえる所が良いです。また、判断力が低下している場合、その場で本人に受診予約をさせることも必要です（第1章3節）。その際、産業医が機能している会社では、情報提供書（本章8節）を書いてもらい、本人に渡すと受診へのモチベーションが強化されます。

2）交通の便の良い医療機関が良い

　高血圧症や糖尿病のような内科の病気では1カ月以上薬をくれるので、通院もそういう間隔になります。しかし、心の病気の場合、症状が安定していれば4週間に1回、通常は2週間ごとの通院ですが、休職中では1週間に1回の場合もあります。ですから、会社や自宅から近い医

療機関を選ぶのが無難です。別に大学病院を批判するつもりはありません
んが、大学病院では医師が頻繁（半年〜1年）に異動するのが普通で、
治療の途中で主治医が替わることが起こります。

3）主治医が話を聞いてくれないときは？

　一般的には初診を除けば、10分未満（多くは5〜6分）の診察時間で、
薬の効き目と副作用の確認で診察は終わります。世間では精神科医の診
察をカウンセリングと誤解している人も少なくないため、「主治医は話
を聞いてくれない」と不満に思う人がいますが、医師とカウンセラー[1]
は違う職種です。医師に質問したいこと、不安な事はあらかじめメモし
て話すと良いでしょう。

2 ｜ どうやって休養するのか？

1）休養しようとしない人にはどういうか？

　職場で多いうつ病の場合は脳の疲労で起こるため、自宅で休養するこ
とが必要になります。ストレスから遠ざかり、消耗したエネルギーを充
電することが何よりの治療となります。要するに家でゴロゴロしている
のが休養です。

　新型うつ病（第2章1節）が多数になりましたが、律儀で周囲に迷惑
をかけたくないため、主治医から労務不能の診断書が出ているのに、
「休めない」「休んだら迷惑をかける」という従来型うつ病の人もいま
す。中には、医師の指示を守らないで勝手に出勤する人もいますが、職
場がそれを放置するのは危険です。

　そういう人には「休むこと自体が今の君の仕事だ」「ドクターストッ

1）カウンセラーのいる医療機関は大いにお勧めですが、人気が高く予約待ちが月単位という場
合もあります。

プは守らないとね」などと義務感や責任感に訴えてきちんと休養しても
らいましょう。

2) 眠りすぎてしまう時は？

しばしば、休職後「今まで眠れなくて苦しんでいたのに、薬を飲み始
めたらよく眠れる。昼寝をしてもまだ眠れる。こんなに眠っても良いの
か？」という患者さんがいます。よく眠る、休養することによってエネ
ルギーが蓄えられるので全く問題ありません。

3) スマートフォン依存

35歳未満の若い人では、発病前から不規則な生活のクセがついてい
る人がいます。早く帰宅したのに深夜までスマートフォンでSNS
（LINEやフェイスブックなど）やゲームにのめり込んでいることも少
なくありません。こういう場合、休職があだになって、生活が"昼夜逆
転"になり休職が長引く場合もあります。若い人におけるスマートフォ
ン依存が注目されています。就労中の私的なスマートフォン使用は職務
専念義務違反の場合もあるので、勧奨指導が必要です。

4) 家族の関わり方は？

> **模擬事例　妻が過干渉で、家ではリラックスできない？**
>
> 山本さん（44歳、男性）は、「抑うつ状態」のため、自宅療養を1
> カ月ほど続けてきましたが、なかなか良くなりません。3年前にも4
> カ月ほど休職しています。事業所の産業医が面談したところ、どうも
> 妻の病気に対する理解が不足しているようです。
>
> たとえば、妻から「ゴロゴロしているだけでは、身体がなまってし
> まうからウォーキングでもしたら」「仕事人間だからこうなるのよ、
> 趣味を持たないと」などと言われプレッシャーを感じてしまい、落ち
> 着いて休めない感じのようです。
>
> 妻は、今まで1度も夫に付き添って受診したことはないといいま

　単身者は別にして配偶者や親など家族が病気について適切に理解していないと、家庭がストレスになって、休んでいても休養にならない場合があります。しかし、これについて使用者に打ち明ける不調者は稀なので、配偶者が主治医と面談（付き添いなどで）しているか、さりげなくチェックしてみましょう。

　ちなみに模擬事例では、妻は過干渉な人物と推察され、おそらく山本さんの母親もそのような人物と思われます。不思議でも何でもなく、愛憎系と指示待ち系の人は自分の異性の親と類似した配偶者を選びがち[2]です。アル中でDVの父親をもつ女性は、そのような男性を選んでしまう。とすれば、山本さんは指示待ち系と推察されます。

3 ｜ 有給休暇の使い方は？

　たとえば、主治医から1カ月の休職診断書が出た時点で、有給休暇が10日残っていたとします。本人の経済的な利益を考え10日の有給を全部消化してから病気休職とする事業所がありますが、これは間違いです。メンタル不調による休職は、長引くほど職場復帰後も体調が不安定になり、しばしば欠勤が起こるからです（週休3日状態）。

　従って有給休暇をすべて消化すると復帰後の欠勤に対応できないので、一定の有給休暇を残して休職制度を使うべきといえます。また、たとえば3カ月間は賃金支払いのある病欠期間、その後は無休で健康保険

---

[2] この知識は意外に重要です。一般論として、ある人物の人柄や能力を知ろうとしたら、親や配偶者と面談すればよい。本人が隠している個体側要因が相当わかりますので。しかし、上司や担当者が「親の顔が見たい」と思う前に、親からクレーム電話が入る時代になりました。

組合から基本給の6割が支給される休職期間という制度があるとします。ここで休職期間に入らないよう、管理者や人事担当者が本人に復帰を促す人もいます。経済的あるいは人事考課からの配慮ですが、これもダメです。いうまでもなく、病気が回復したとの判断は医師が決めるのであって、使用者が決めるものではありません。もちろん職場復帰の可否（休職事由の消滅の）判断は使用者が決めるものですが。

4 復帰は週半ばからがよい

　正式な職場復帰の開始日を月曜日にすることが多いのですが、実は水、木曜日からが良いのです。というのは、復帰直後の疲労のピークは3日目に来るのが多いためです。

診断書が提出されたら

　1カ月以上の自宅療養の診断書が提出されたら、人事担当者は休職の発令に前後して以下の3つを実施します。

1 療養についての確認書

　以下のようなテンプレートを作成して、本人に記入（メールもしくは書面）してもらえば、連絡不能というトラブルは減ります。

療養についての確認書

1. 療養場所
☐ 自宅　　　　　☐ 実家　　　　　☐ 自宅と実家　　　☐ 未定

2. 担当者との連絡形式 (複数選択可)
☐ 面談　　　　　☐ メール　　　　☐ 電話　　　　　☐ 手紙

注) 休職期間の目的は、治療に専念し職場復帰するためにあるので、社員には
　　通院状況、改善状況、生活の状態等を報告する義務があります。

3. 家族への連絡
☐ 原則として可　☐ 原則として不可

年　　　月　　　日
氏名

---

2 | くろうと問題のおよその評価　休職状況の評価書

　人事担当者は当該社員の就労中の労務提供能力や、トラブルとくにルール違反の有無などの概要を以下のテンプレートを参照し、休職状況の評価書を作り、確認しましょう。

　くろうと問題が該当すれば、3つの個体側要因（マネ下手系、愛憎系、指示待ち系）について、管理監督者、必要に応じて元職場にも確認すると対応の方向が見えてきます。

休職状況の評価書

休職回数：　　　□ 初回　　　　　□ 今回で（　　　　）回目

2回目以降なら、直近の2年間におけるおよその就労月数
　　　　　　　　　　　　　　　（　　　　　　）か月

2回目以降なら、リワークの実施経験の有無
　　　　　　　□ リワーク無　　□ リワーク有

2回目以降なら、前回復帰直後の3カ月間における、1カ月あたりの平均欠勤日数
　　　　　　　　　　　　　　　（　　　　　）日

労務提供能力：　10段階評価で　（　　　　）
自由記述：

就労中の無断欠勤の有無と、その他の問題があれば自由記述
無断欠勤　　　　　　　□ 無　　　　　　□ 有
自由記述：

---

3 | 法的リスク　業務上の評価と対策

　大手広告代理店での女性社員の自殺が注目されましたが、自殺ではない不調による休職や退職に関する労災認定が増えています。休職診断書が出たら、万が一のリスク評価も必要です。

1. 長時間残業のチェック
   - 1カ月であっても時間外労働が 160 時間超
   - 2カ月連続で 120 時間を超える時間外労働をした
   - 3カ月連続で 100 時間を超える時間外労働をした

2. ハラスメントのチェック
   セクハラ、パワハラが発病に関与している場合

注）これより短い残業時間でも認定されることがあります。

　メンタル不調による休職者が少なからずいて、長時間残業が常態化している場合、係争のリスクはますます高まるでしょう。ことが起こってからではなく、事前にメンタルヘルスに詳しい社会保険労務士や弁護士の助言を受けることも検討しましょう。

　不調も係争も同じことで未然防止が大切です。しかし、いわゆる会社の顧問弁護士は債権債務問題などの一般民事が専門で、メンタル不調のような労使間問題は専門外のことが多いです。一般論の助言にとどまる、あるいは「訴えがあってから考える」というおぼつかない場合がしばしばです。

　法務部などへの遠慮や躊躇はいけません。割り切って専門家の弁護士（たとえば経営法曹会議所属）に相談しましょう。まずはリスク対策で、社内でのメンツは二の次です（まず、仕事プライドよりも報連相）。

---

[3] これは最小限のもので、リスクを正確に評価したければ、厚生労働省「心理的負荷による精神障害の認定基準について」をお読みください。

職場復帰の判断

1 | 職場復帰は、誰が何をもとに判断するか？

　ここで復職判断の主役は誰かという基本中の基本を解説します。模擬事例をご覧ください。

模擬事例1　復帰診断書なしの復帰

　適応障害で2カ月間自宅療養していた山中技師（32歳、男性）が、ある日職場にやってきて復帰を希望しました。

　その部署は非常に繁忙で山中技師の復帰への強い希望もあり、本人のテンションも高く、本人によれば「主治医の評価も改善している」という状況なので、課長は、復帰診断書は次回受診時に発行してもらうという条件で復帰させました。一応、人事担当者から事後承認を得ましたが、ルール違反であるとのこと。また所属長は自分の判断で残業を除いた通常勤務をさせていました。

　それから1カ月たっても復帰診断書は出ませんでした。

　ところが復帰2カ月目から、山中技師は妙にハイテンションで、大言壮語状態です。「課員全員を集めて安全配慮義務の研修講師をするから、直ちに計画して欲しい」「独立して起業するので、君らにも来てほしい。Y企業グループから5億円の融資を受ける予定」などと、同僚の一人ひとりに話しかけるのです。薄気味悪く、腫れ物に触る感じで、誰も何も言えず様子を見ていました。

　その結果、採用直後の非常勤社員（30歳、女性）が、「適応障害」という診断書とともに、退職願を提出したのです。後ほど山中技師は、双極性障害（躁うつ病）と診断されました。

> 原則1　主治医の診断書が出なければ、復帰対応には着手しない
>
> 　時には、模擬事例1のように、主治医から復帰の診断書が出ていないのに、本人の希望だけで管理者が判断するケースもありますが、危険です。病気が悪化し、最悪自殺が生じた場合、使用者の安全配慮義務を問われる場合もあります。

　しばしば、主治医の「復帰可能」という診断書をフリーパスさせている産業医が少なくないのですが、生活記録表あるいは三者面談でチェックをしましょう。身体疾患では病気が治癒している場合は、診断書をもとに自動的に復帰させても大きな問題はないのですが、メンタル不調では医学的な回復、症状軽減と業務遂行能力の回復とにズレがあるのがしばしばです（次節）。

　居眠りや集中力の低下がある場合は、労務提供能力が極めて乏しい状態ですので、職場復帰はそもそもムリです。これを許可した場合、病気が悪化したときの責任は主治医にではなく、雇用し安全配慮義務を持つ使用者にあります。

　従って、復帰の最終判断は主治医ではなく、産業医の意見をもとに使用者（人事担当者と所属長）が行うのが原則です。また使用者が産業医の判断に異議がある場合、十分討論すべきです。

2 ｜ 産業医が当てにならない、どうする？

> ### 模擬事例2　主治医の復帰診断書をフリーパス
>
> 　ある地方自治体のケースです。産業医が機能不十分で主治医の診断書の指示の通りに復帰もしくは試し出勤をさせていました。診断書の多くは「症状軽減のため、○月×日から職場復帰可能。ただし軽勤務

原則2　復帰可能という主治医の診断書が出ても、産業医の意見をもとに使用者（人事担当者と管理監督者）が最終判断する（休職事由の消滅の判断）。

原則3　産業医が機能していない場合には、本章4節に示す生活記録表の運用や、本人－主治医－人事・上司などによる三者面談（本章9節）を実行する。

　この場合、人事担当者もしくは所属長が生活記録表を活用する、あるいは本人－主治医－上司などによる三者面談（本章9節）を実行するとよいのです。

　また次の表に示したような書式の診断書を作成し、主治医に記入してもらうと大変便利です。ちなみに診断書の形式を会社が作っても問題はありません。

　産業医が機能していない会社での使用を考慮し、個人情報への配慮上、病名欄は外してあります。ただし、この書式を使用することを本人納得のうえ、本人を通じて主治医に渡すのがポイントです。

復職診断書（例）

社員	氏　名	男　女　　　（　　歳）		
	部　署		社員コード	
復職の予定時期	令和　　年　　月　　日頃			
復職する部署	1. 現職復帰で可 2. 配置転換を要す	理由		
休職期間中の 訓練の要、不要	1. 要 2. 不要	不要の場合はその理由		
訓練が要の場合	1. 出社して訓練 2. 在宅のリハビリ 3. リワーク	その内容と期間		
残業等の勤務 制限措置	1. 要 2. 不要	内容		
その他の配慮 すべき点				

　ご記入上の留意点　残業等の勤務制限措置の欄については、残業、長期出張など労働時間や勤務地の負荷を制限する必要の有無、あれば内容と期間について御記入ください。現時点でご判断いただける範囲で結構です。この診断書の料金については、貴医療機関が必要と思われる料金でお支払いいたします。

　令和　　年　　月　　日

　　　　　　　　　医療機関の所在地および名称

　　　　　　　　　電話番号
　　　　　　　　　医師氏名

04 職場復帰支援

「くろうと問題」における、くりかえす休職・欠勤（18ページ）の原因として、不正確な診断と治療、時期尚早の復帰、職業性アイデンティティー問題の3つがあり、この対処法を述べます。

1 | 不正確な診断と治療

身体疾患と同様に、主治医の不正確な診断・判断が少なからずあります。うつ病と診断されて休職を繰り返す場合、実は違う病気であることがしばしばで、双極性障害（かつての躁うつ病）や前述した3つの個体側要因が病気の土台にある場合が少なくないのです。従って情報提供書による主治医への情報提供が有効です（本章8節）。

2 | 時期尚早の復帰、真の回復へのプロセスおよび生活記録表

再発のリスクが低い真の回復までには3つのステップ（**図表3-1**）があります。初期にはA：症状の改善、中期にはB：生活リズムの改善、最後にC：コミュニケーション能力とストレス対処法の習得、となります。B未満では復帰には不十分ですが、社員にせがまれて復帰可能という診断書を出す主治医も少なくないのが実情です。

主治医の診断と治療が妥当なら休養によって、憂うつ、意欲の低下、不眠などの自覚症状は改善されます（**図表3-1のA**）。しかし、睡眠のリズム、食事時間や外出などの生活リズムの改善（**図表3-1のB**）がなされていない場合は復帰後の早期（6カ月以内）における悪化のリスク

が高まります（時期尚早の復帰）。

　コミュニケーション能力とストレス対処法の習得は、個体側要因への対処を目的とし、現時点ではリワークが最適で、職場で行うのは困難です。

　よく眠れるようになったが、起床が出社直前とか、6時に起きるが朝食後、二度寝するというケースがしばしばあります。生活リズムが改善していないので、復帰直後に勤怠不良のリスクがあります。このような

図表3-1　真の回復へのプロセス

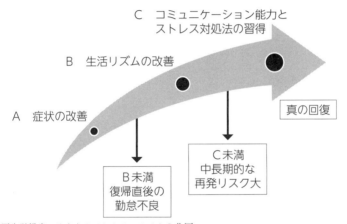

出所：厚生労働省　みんなのメンタルヘルスから作図

休養というディレンマ

　自宅療養が長引くほど、生活リズムが乱れやすくなります。また、それが規則的でも、生活の中身が乏しくなり社会性が低下していきます。特に最初の発病が若いほど（35歳以下）、個体側要因の関与が大きく、休養自体が個体側要因を改善するのではないので、長い休養自体が労務提供能力を低下させます。だから、それを本能的にわかっている不調者は休養に消極的で、安易に休養を勧めない主治医も増えつつあります。

状況で復帰可能という診断書を出す主治医の問題はさておき、起床時間が遅い、一定しない、二度寝がある場合、対策が必要になります。

　ここで役立つのが生活記録表というものです。そのテンプレートを以下に示しました。復帰のめどが立ってきたら、メールに添付し、1日を振り返って、起床時間、食事時間、外出時間とその内容などを2～3週間本人に記載させて、復帰判定の日に持参してもらうのです（**図表3-2**）。

　主治医の復帰診断書の妥当性に問題がある場合、生活記録表は復帰を延期する場合の根拠になります。生活記録表を活用することで、睡眠や外出のリズムといった日常生活の様子を把握することが可能になり、客観的な復職の可否の判断材料の一つとすることができます。

図表3-2　生活記録表

出所：難波克行産業医のサイト　ELECTRIC DOC. https://electricdoc.net より引用

3 | 生活リズムの未確立と通勤訓練

　自宅療養では出勤の義務はないので、決まった時間に起床して、洗面洗顔、身なりを整え、家を出るという、ごく当たり前の生活習慣が崩れがちです。さらに起床後1〜2時間で二度寝をする状況は危険で、「いざ出勤！」となるべき時間帯に眠気とだるさが襲ってくるので、出勤困難となるのは時間の問題です。

　筆者は産業医として、二度寝が週1〜2回でも起こる状態では、復帰可能の意見書は出しません。この場合の対策としては、10〜14日かけて、二度寝がなくなることを目的とした通勤訓練を設定します。

　生活記録表など運用する余裕はないという人事担当者は、以下のように聞いてみましょう。ただし聞き方にはコツがあります。

担当者に役立つ質問1　二度寝

×　二度寝はないですね？
○　二度寝は週に何回ありますか？

　前者は、人の顔色をうかがうタイプの不調者では「二度寝はネガティブなことなのか？」と察して、事実を伝えない場合があります。後者のように、不調者は二度寝をするのが当たり前という雰囲気で質問すれば、正直に答えやすいでしょう。

1）通勤訓練

　起床時間が一定しない、二度寝がある場合の通勤訓練とは、毎日事業所の近くまでくる練習です。公共交通なら最寄り駅で引き返す、自動車通勤ならば最寄りの信号で戻り、喫茶店や図書館に2〜3時間滞在してから帰宅という目標を設定します。当然のことですが、休職中に行うもので、通勤災害は適用になりません。

2) 外出習慣の確立

　睡眠リズムの確立と並んで大事なことは外出の習慣で、これも生活記録表でチェックします。不調が改善すると、たいていの主治医は「散歩をしましょう」と指導しますが、これができない人もいます。家ではスマホゲームなどに集中できるのに、散歩や外出をするのは嫌。それは億劫（うつ症状）なためではなく、人目が気になるからです。以上は対人恐怖やプライドの傷つきのサインで、愛憎系や指示待ち系で多いのです。

担当者に役立つ質問2　人目

- 散歩は何分ぐらいしていますか？
- 人目が気になりませんか？

　人の目が気になるので外出は夜になってからコンビニに行く程度、という状況では復帰は困難です。外出習慣の確立していない場合も、二度寝対策と同じく通勤訓練が効果的です。

　苦手な状況を避けるだけでは、復帰は成功しません。人事担当者と産業医が連携して生活リズムの確立を促しましょう。
　次に、生活記録表にもとづき復帰を延期し通勤訓練を勧奨指導する時の説明方法と書式例を示します。

1. 主治医は○月△日に復帰可能と診断書に記載されていますが、主治医には人事権はありません。一方、生活リズムをみると起床時間がバラバラで、二度寝もあります。

2. 現状で職場復帰をすると、出勤の時間帯に強い眠気やだるさが生じ、欠勤したり事故にあったりする恐れがあります。はやく復帰されたいお気持ちはよくわかるのですが、使用者には安全配慮義務という法的義務があって、リスクが予想される場合、使用者にはそれを回避する義務があります。

3. 従って、2〜3週間ほど通勤訓練を行って生活リズムが整ったことを確認後、経過が問題なければ正式に復帰としましょう。

4. 生活リズムの確立についての進捗状況は、人事担当者の○○にメールで報告してください。

上記の助言について、了解しました。

○年○月○日
社員氏名

4 リワーク

　休職者の個体側要因が大きい場合や「くろうと問題」がみられれば、初回休職でもリワークが有効です。結果的に効果がなかったにしても、係争においては「職場復帰支援において合理的配慮がなされた」と判断されるでしょう。

　ここでリワークの意味や目的については、日本うつ病リワーク協会のサイトの解説をもとに説明します。

1) 用語と目的

　リワークとは、return to work の略語です。うつ病のような精神障害を原因として休職している社員に対し、円滑な職場復帰を目的としたリハビリテーション（リワーク）を実施する機関で行われるプログラムです。

2) プログラム

　そのプログラムは以下の通りで、1日6時間前後で、期間は3カ月から9カ月程度です。
　　①決まった時間に施設へ通うことで会社へ通勤することを想定した訓練
　　②仕事に近い内容のオフィスワークや軽作業
　　③心理療法（カウンセリング）

　復職後にうつ病を再発しないための疾病教育や認知行動療法などの心理療法が行われます。また、初期には久しぶりの集団生活に慣れるための軽スポーツやレクレーションが行われることがあります。プログラムの途中では、休職になった時の働き方や考え方を振り返ることで休職に至った要因を確認するとともに、復職した時に同じ状況（休職）にならないための準備もしていきます[4]。

3) メリット

　メディカルケア虎ノ門理事長の五十嵐良雄医師によれば、復職後の就労継続状況の比較をすると、復職者の半数が就労継続できた日数は以下のように大差があったそうです。

---

[4]　先進的なリワークではマルチタスクのトレーニングもあり、次の本に記されています。中村美奈子著『復職支援ハンドブック』（金剛出版、2017年）、名著です。

リワークの有効性

リワーク群 686 日　　対象群　　122 日[*]
＊産業医科大の通常の治療群

　同医師は「本来、リワークには 6〜9 カ月かかる。<u>とにかく休職し</u><u>たら漫然とした薬物療法で時間を無駄にせず、すぐにリワークプログ</u><u>ラムを始めて欲しい</u>」とのことでした。

五十嵐良雄　リワークを活用した職場復帰支援　へるすあっぷ21
2017 年 9 月号　14〜15 ページ

　またリワークには医師と臨床心理士など多くの専門家がいて、主治医とは異なる視点と多彩な手法で休職者の評価がなされます。これは主治医だけの診断よりも、より客観的な評価になりえます。さらに復帰が困難な事例では、その評価について本人を通じて事業所に伝えてくれる施設もあります。

5 ｜ 個体側要因にはリワーク

　メンタル不調の土台には、多かれ少なかれ個体側要因（働き方特性の歪み）があり、年々その関与は増していきます。少子高齢化の加速で、今後も愛憎系と指示待ち系が増加していきます。職場のメンタル不調をみたら、まずは個体側要因に着目しましょう。土台にある 3 つの個体側要因には薬は効かないため、リワークやカウンセリングが必要なのです。ましてメンタル不調者にくろうと問題があったら、3 つの個体側要因をチェックして、当てはまればリワークを勧めて、人材管理を強化しましょう。

05

復帰のための業務調整

　主治医による「労務可能、軽勤務から」などの復帰診断書をもとに、どのように業務を調整していくのかは、実はとても難しいのです。復帰後の労務提供能力は、病気の種類や重さに加えて、3つの個体側要因の有無で大きく変わってきます。人事担当者が誠意をもって対応したのに、再休職になったとしても、自分自身を責める必要はありません。

1 ｜ 残業制限

　マネ下手系はローパフォーマンスのため、愛憎系は高い評価が欲しいため、指示待ち系は問題解決に時間がかかるため、いずれも長時間労働になりがちです。従って、労務災害とみなされないために、最大月40時間未満の残業にすべきです。月20時間以下が無難と言えますが、愛憎系の社員は産業医による残業削減の意見に、「プライドを傷つけられた！」と感じる人もいますので、丁寧な説明が必要です。

　しかし、職場はリワークセンターではないので、不調者の個性・特性に合わせてカスタマイズされた支援には限りがあります。とはいえ残業制限という選択肢だけでは改善しません。これに加えて、適性配置、適切な指示命令、人事考課などの人材管理が有効です。

2 ｜ どの部署に復帰させるかの判断は慎重に

　最近、愛憎系を土台にしたメンタル不調が増え、「職場の人間関係が発病原因」と主張されるケースが増えています。しかし、愛憎系の人た

ちは、発病の本質は個体側要因と労働特性のミスマッチなのに、現象としては人間関係の悪化と感じることが多く、異動しても同じことの繰り返しということがしばしばです。

　また異動が望ましいように見えても、復帰後まもない社員は、新しい環境や人間関係になじむことに、かなりのエネルギーを費やします。まして任務変更を伴う異動では、新しい仕事を覚えて人並みに処理できるようになるための負担は大きく、病気の再発に結びつく危険性もあります。したがって、復帰する本人の「今の人間関係のもとでは働きたくない」という意向を、そのまま受け入れてはいけません。

　くどいようですが、人間関係の問題といっても愛憎系の本質は協調性の問題です。チームワークが活用できないばかりか、自分で敵や味方をつくり人間関係に苦しむマッチポンプ状態になりがちです。つまり、どこに異動しても同じことの繰り返しが少なくない。管理監督者は彼らを勧奨指導して協調性を高めたり、人間関係を調整したりする必要がありますが、職場はリワーク施設ではなく限界があり、結局は彼ら自身が自分で自分を変えるほかはないのです。

　職場、主治医などから十分に情報を集め、総合的に判断しながら異動の必要性を検討しましょう。もちろん、職場におけるハラスメントの関与が濃厚な場合は、異動をともなう職場復帰が妥当でしょう。ハラスメントがなければ「現職に復帰」を原則とし、今後は異動が必要と思われるケースでも、まずは元の慣れた職場で一定のペースがつかめるまで仕事の負担を軽減しながら様子を見て、そのうえで異動を考慮する、という方法もあります。

ポイント　復帰する部署の検討
1. 本人の異動希望を叶えるのが復帰支援や安全配慮義務の履行では

ない
2. 愛憎系など個体側要因の関与をチェックする
3. ハラスメントの関与が濃厚なら異動して復帰

3 | 通院確認と時間管理、残業許可の基準

　通院の中断は何としても防ぎましょう。メンタル不調の薬には予防効果もあるため、主治医が通院不要というまで受診を続けることが大切です。通院は本人任せにしないで、人事担当者または管理者が通院状況を確認する必要があります。

　一方、最近では薬を出さない主治医も出てきています。個体側要因が大きく関係する不調では薬が効きにくいため、主治医は経過を観察しながらカウンセラー的な役割を果たします。これは大変良いことですが、半面、不調者は「薬が出ていないから病気は軽い、病気ではない」と誤解し、通院をやめることもあります。従って、使用者もそのように判断せず、主治医が通院不要というまで受診を続けるよう勧奨指導しましょう。

　安全配慮義務上、時間管理は最重要で、たとえば○カ月間は残業禁止、次の○カ月は月20時間、次は月40時間のようにステップアップし、生活リズムを保つようにします。残業可能かどうかは本人の意欲も大切ですが、体調不良による欠勤が月に2日以上あるような勤怠不良の場合、残業許可は不適切です。仕事の量は、6〜7割の能力でもできるように抑え、達成後はきちんとねぎらう（119ページ）ことで承認欲求を満たし、問題がなければ1カ月ごとに、徐々に業務量を増やしていきます。

ポイント　時間管理

1. 管理監督者は通院の状況を確認する
2. 復帰直後は残業禁止が無難
3. 体調不良の欠勤が月に2日以上あれば、残業は許可しない

---

4 | 適性配置もしくは業務の調節

　しかし、以上のような残業の制限や単なる配置転換という手法だけでは、円滑な復帰は望めません。不調者の個体側要因を、労働の種類と特性にできるだけマッチさせることが重要です（適性配置）。仮に配置転換をするにせよ、担当する業務の特性を以下のように検討することがポイントです。

1）ルーチンの度合いと対人業務の度合い

　業務のストレスをルーチンの度合いと対人業務の度合いを軸に描きました（**図表3-3**）。

　もちろん定量的に表現できないものなので、あくまでも質的な分類です。また、現実の職場には完全なルーチンワークや対物業務はないので、相対的な業務を選びましょう。結果的には補助業務になることもあるので、プライドを損ねやすい愛憎系には、「こうするのが安全配慮義務です」というような説明をしましょう。

2）シングルタスク、ルーチンワーク

　個体側要因の強い不調者では、対人業務はなるべく控え（**図表3-3のC**）、同時にシングルタスクでルーチンワーク（**図表3-3のD**）が適していますが、やむを得ずマルチタスクにする場合は、午前中は業務1、午後は業務2というように直列に仕事を配置し、それぞれの業務内にきちんと休憩（最低15分）を取らせることです（**図表3-4**）。

3）自己完結的業務

　愛憎系はチームワークが苦手なため、かけひきや交渉の少ない業務が良いでしょう。できることなら、自分自身でまとめられる自己完結的業

図表3-3　ルーチンの度合いと対人業務の度合い

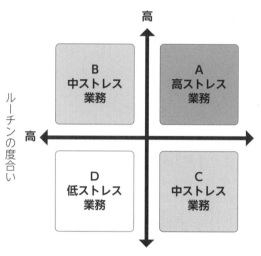

対人業務の度合い

高

ルーチンの度合い

高

B 中ストレス業務	A 高ストレス業務
D 低ストレス業務	C 中ストレス業務

図表3-4　業務を直列に配置

業務1　→　休憩　→　業務2

務が望ましいです。また復職者に対して腫れ物に触るように、「好きに
やりたまえ」「臨機応変にやれ」などと接するのは逆効果です。マネ下
手系だけでなく、不調になる人は、多かれ少なかれ仕事の優先順位をつ
けることが苦手なので、このような接し方は、かえって負担になるから
です。

4) 指示命令・評価のありかた

　十分な時間的余裕を与え、業務の意味、目的、締切日などを具体的に
示す。いつ、誰と、どこで、何を、どのように、いくら（コスト）する

かなど業務の5W2H（2H：how, how much）を明確にし、報告、連絡、相談をキチンとさせましょう。また、評価としては、不調者は仕事に自信を失っているので、仕事の区切りに「ねぎらいの言葉」（119ページ）をかけると大きな効果があります。ただし、マネ下手系で計画性に乏しい場合は、管理監督者が仕事の段取りを整えることが必要です。以下に業務の調整方法をまとめました。ここから半年ほどかけて、もとに戻していきますが、労務提供能力の回復が乏しければ、一部は免除することも必要です。

業務の調整方法　まとめ

1. 作業量は減らして、締め切りの短い業務は避ける。
2. マルチタスク、同時並行の業務の数を減らすか、一つのプロジェクトに専念させる。
3. 復帰途上では重要な判断、大きな責任を伴う決断のある業務は免除する。
4. 窓口業務や折衝、交渉を行うような対人業務では、負担になることが多いので、しばらくデスクワークや補助業務（対物業務）に限定する。
5. クレームやトラブルへの対処は免除するか、上司・先輩の十分な管理下に置く。
6. 高度な計画性や協調性が必要な業務は管理監督者が代行し、できれば対物（PC）業務でルーチンワークとする。

---

5) 話し方のコツ

　3つの個体側要因の強い不調者ほど、自分に自信がなく自分の評価に関する会話で傷つきやすいのはすでに書きました。だからといって、特別扱いは論外です。

　一方、傷つくことをスギ花粉症、自分の評価に関する会話をスギ花粉にたとえれば、どうでしょうか？

　スギ花粉症の人がマスクなしの状態でスギ林を歩くのは酷です。

これと同様に、個体側要因の強い不調者に話す場合、相手の耳にマスクは無理なので、しゃべる方がマスクをかけるのです。

　無断欠勤がルール違反という場合に、「どうしたの、あなたらしくない、もったいない、こんなこと言われたら辛いよね、私も辛い。でもルールなのだよ、わかって欲しい」などというコトバのマスクをかぶせるのです（**図表3-5**）。

　以上をテンプレ化したものが、11節で示す勧奨指導における合理的配慮としてのジコイタ法です。なお若い社員ほど、多かれ少なかれ3つ

図表3-5　話し方のコツ

```
┌──────────────┐
│  無断欠勤は   │
│  ルール違反   │
└──────────────┘

┌──────────────────────────────────────┐
│    合理的配慮としての話し方のコツ      │
│                                        │
│    ➡  無断欠勤なんて、               │
│  どうしたの、あなたらしくない　もったいない │
│   こんなこと言われたら辛いよね、私も辛い  │
│   でもルールなんだよ、わかって欲しい……   │
└──────────────────────────────────────┘
```

COLUMN　人材管理としてのしつけ

　図3-5の手法は手練れの人事担当者には野暮でしょう。あるいはベテランの管理者なら考えなくても使っているはず。要は子どもをしつける時に使う「あやす」「なだめすかす」という駆け引きのツールです。「しつけなんて不調者への侮辱？」ではありません。しつけ＝教育なのでメンタル不調対応の要点は、愛憎系と指示待ち系に対しては人材育成、すべての不調者に対しては人材管理です。

　ちなみに製造業における最重要概念である5Sの中には整理、整頓、清掃、清潔に加えて、しつけが入っています。

の個体側要因を持つ人が多いので、不調の有無にかかわらず若手には有用です。

06 関係者における 2つの契約と情報の共有

　不調者が職場に適応し、それなりの労務提供をするために重要なことは、関係者間での情報共有です。すでに述べたようにメンタル不調には生物、心理、労働という3領域の要因があり、それぞれに対処するための情報が必要になります。とりわけ3つの個体側要因（マネ下手系、愛憎系、指示待ち系）が重要ですが、意外なことに一部の主治医ではこの情報が少ないのです。

　すでに述べたように主治医が患者と接する時間は短く、その本分は症状を取ることで、職場復帰支援は最優先事項ではないのが実情です。

　また主治医との関係は個人情報保護という大きな壁があり、情報提供は少々厄介です。この問題を解決する前にメンタル不調者を含む関係者との間には、2種類の契約関係があることを確認しましょう。

1 ｜ 治療契約

　まず医師－患者間には治療契約があり、医師による医療サービスの提供に対し患者は対価を支払う双務有償契約の性質を持ちます（**図表 3-6**）。

　使用者の不満として多いのは、「診断書は社員の希望を叶えるもので、妥当ではない！」というもの。それに対して、「主治医は患者だけでなく職場の事情も考え医学的に正確な判断をすべし」という理想論が存在します。現実の市場経済の社会では、顧客＝患者中心に考えなければ医

療というビジネスは成り立たないので、当然のように患者＝社員のニーズに即した診断書を書くわけです。

2	雇用契約（雇用）

一方、使用者（管理者・人事担当者）と社員の間には雇用契約があり（**図表3-6の左**）、労使双方の義務があります。

3	2つの契約間における情報共有の壁と偏り

そして2つの契約はそれぞれ独立したものですから、双方の当事者（使用者）は別の契約の当事者（主治医）をコントロールすることはできません。また2つの契約の当事者間での情報共有には個人情報保護だけでなく職業的規範（患者との信頼関係）という壁があります。特に治療契約側の生物要因の情報（診断名、合併症）は患者の承諾なく使用者に伝えることはできません。

図表3-6　情報の壁と情報量の差

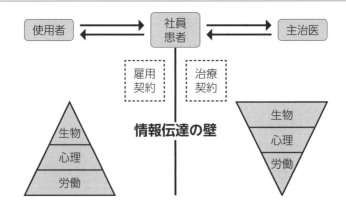

仮に患者の承諾が得られても、信頼関係を損なうわけにはいかないので、主治医が情報提供を控えめにするのは当然です。

　以上の結果、雇用上の使用者と治療契約における主治医の間には、治療や人材管理に必要な情報量に偏り（差）が生じます。当然のことですが使用者は社員についての生物要因の情報は乏しく、主治医には患者の労働要因の情報、一部の主治医では心理要因の情報も少ないのです。「主治医は患者の職業背景についても把握しているはず」というのは理想論で、再三述べた診療時間の制約の他に、主治医が入手する情報は患者の発言にもとづくため、その主観性が大きい上に不調によるバイアスも加わっています。たとえば、客観的には、使用者からみればドライな発言をする係長に過ぎないのに、不調者は「係長に嫌われている」と思うことはしばしばです。

07 主治医への情報提供

　従って使用者と主治医の間には一定の利害の対立が生じやすく、時に会社を敵視する医師もいるほどです。これを調整することがトラブル（係争）を減らすコツで、本来は情報の壁に穴をあける情報共有が必要ですが、治療契約から主治医は使用者への情報提供を控えるのが実情です。ですから、使用者から主治医への書面による情報提供（**図表3-7**）が適切で、一方通行に見えても有用です。

　従来の情報提供の仕組みはもっぱら三者面談でした（本章9節）。しかし、これには手間ひまがかかり、主治医にも抵抗があるのが実情です。また本人を前にして能力や人柄などの個体側要因を適切に主治医に伝えるのは難しく、結局、綺麗ごとに終わりかねません。だからこそ、これからは産業医を通じた書面による情報提供がツボです。

図表3-7　主治医への情報提供

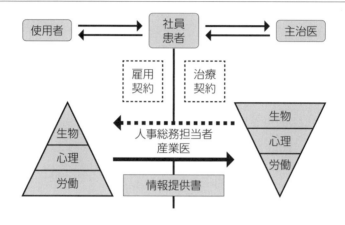

---

1 情報提供の目的と産業医の役割

　主治医の診療のあり方を改善するのが情報提供書の目的。ですが、「わが社は産業医が機能していない、メンタルは専門外」などと諦める使用者もいるはずです。筆者は理想論を述べてはいません。産業医と接するには以下を知ると便利です。

産業医の最低限の義務

1. 産業医は会社との契約関係（双務有償契約）下にあり、会社が報酬を支払っているので、情報提供書を書くくらいの義務（債務）は履行すべきである。

2. メンタルが専門であろうが、なかろうが、本業である日々の診察場面において、必要に応じて精神科医に対する情報提供書（いわゆる紹介状）を記載している。

3. 産業医の最重要の役割は情報提供書を書くことで、これさえして

くれれば良い。

4. 使用者は産業医に「いつもされているように精神科に紹介状を書いてください」と言うのみ。

---

2 | 産業医の情報提供書

　情報提供書は医療機関同士でやりとりする診療情報提供書と同じで、書式は任意です。情報提供書を受け取った主治医は以下のような反応を示すので、ずいぶんお得なツールです！

> **主治医にとっての情報提供書の位置づけ**
> 1. 同業者による患者情報はより客観的で信頼性に富むと感じ、
> 2. 差出人の産業医に返書を書く責任を感じるので、
> 3. 産業医を意識した診療になり、情報提供書のない患者より若干配慮した診療を行う。
>
> 返書には診断名、診断・検査、治療内容などを含みます。

---

3 | 情報提供書の必要性

　以下、情報提供書の必要性と有用性を解説します。

1) くろうと問題は主治医に伝わらないのが普通

　主治医は患者と治療契約をしているので、使用者のニーズ（問題行動の解決等）は患者が話さない限り関心を持ちませんし、また知りたくても診療時間の制約があります。ですから、治療を本人任せにしている限

り、「くろうと問題」は主治医に伝わらないのが普通です。時には妄想、幻聴や職場秩序を乱す攻撃的な言動すら主治医は把握していないこともあります。なぜなら一般的に患者と言うものは、医師の前では体面を取り繕うものなのです。

　その分、看護師には正直に伝えますが、看護師が医師に伝えるとは限りません。たとえば酒好きでγGTPが高く、精密検査となった患者さんは、医者の前では飲酒量を過少申告するのが常です。そこをうまく聞き出すのが医師のスキルといえますが、心療内科ではもっと深刻なケースもあります。

模擬事例　医師の見落とし　幻聴と問題行動

　A課長は部下のBさん（33歳女性）への対応に困っていました。彼女はうつ病のため心療内科に通院中で、この2年で2回の休職歴があり、月に2〜3日は体調不良で欠勤しています。元々は高いスキルの持ち主でしたが、今では以前の半分未満の成績。

　2カ月ほど前から、大声を出す、書類やボールペンを机の上に乱暴に投げつけるという問題行動も出てきたので注意をしましたが、一向に改善しません。最近は「私へのひどい悪口が聞こえるので、仕事にならない。何とかして欲しい」と何度も相談に来ますが、その事実はないため、「ひょっとして妄想？　本当にうつ病？」と疑い、周囲もおびえています。

　そんなころ、産業医（週1回出勤）の定期面接（月に1回）があったので、A課長はBさんへの適切な対応を期待していました。ところが人事から渡された産業医意見書は「若干の気分変動はあるが、勤怠も以前と大差なく、従来業務の就労が可能」という実態を無視したものでした。

　課長は思いあまって産業医を訪れ実情を説明しました。産業医はBさんの妄想的な言動を把握しておらず「申し訳ありません」と謝罪しつつ、その場で主治医に電話連絡しました。
　この事例で重要なことは、主治医もBさんの妄想を把握していなか

ったこと。産業医の電話説明で主治医の診断と治療が正確になった結果、問題行動は激減し、勤怠も良好で、最終的にそれなりの成果を出せるようになりました。

模擬事例　不調者の取り繕いと医師の把握不足

　長時間残業で不眠症になり心療内科に通院している社員がいました。不眠はそれなりに改善しましたが、イライラが強いようです。上司は心配して「主治医にもっとよく診てもらおう」と助言しました。本人も自分のイライラに気づいていましたが、睡眠薬に加えて安定剤まで飲むのは嫌なので、イライラについては主治医に伝えませんでした。また産業医にも「不眠症は大したことはないから残業制限までは必要ない」と言いました。

　このような取り繕いは職場においては日常茶飯です。ですから主治医への情報提供が大切なのです。

　また、前述したようにメンタルヘルスは当事者においては、経済的な利害が異なるのが特徴です。それによって生じる不調者の取り繕いと医師の把握不足を、次ページのイライラ事例で示します（**図表3-8**）。

2) 医療機関の現状

　繰り返しになりますが、主治医は把握しているはず、という思いは理想主義。管理監督者は毎日当該社員と接していますが、主治医が本人と面談する時間は月にせいぜい数分から10分です。

図表3-8　不調者の取り繕いと医師の把握不足

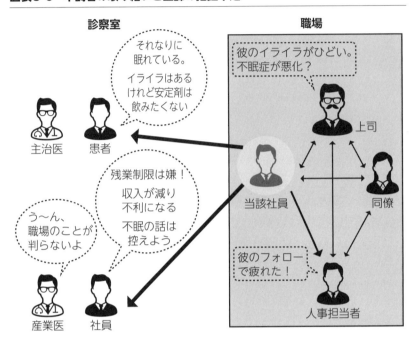

08 情報提供書のテンプレート

1 ｜ 情報提供書下書きのテンプレート

　会社から主治医への情報提供書が必要なのに、メンタルは専門外と言い訳する産業医がいますが、産業医のスキルは職場の状況を把握することが第一で、精神科が専門かどうかは無関係。正直にいえば、情報提供

書を書くのが面倒くさい、そうは言えないので「メンタルは専門外」と取り繕っているのです。

このように産業医が機能していない職場では、人事担当者は当該社員の就労状況の概要を文章化し、産業医が情報提供書を書きやすくする仕組みを作るのが対策です。

ちなみに現代の医療機関では事務職員が、主治医が書くべき各種文書（診断書や意見書）の下書きを書きます。多くの医師は書類作業を嫌うからです。かつては書くべき書類が記載されず山積みになっており、患者から相当なクレームが出ていました。事務職員による書類の下書きという仕組みは、この問題を大幅に改善しました。

したがって、筆者の率直な提案は、人事担当者が情報提供書の下書きを書くことです。担当者が記載した文章を係長や主任が点検、推敲し、課長の名前で使用するイメージに似ています。

情報提供書の下書きの具体的記載例を**図表 3-9 の A、B** に示します。A は、復職後の勤怠不良で、定期受診もしくは繰り上げ受診の際に、主治医に郵送するものです。B は職場の人間関係で傷つき、不眠症となった社員に受診勧奨をした後、情報提供書を主治医に郵送、もしくは本人に手渡すというケースを想定しています。

2 ｜ 情報提供書本体のテンプレート

情報提供書の本体のテンプレート例を次に示しました（**図表 3-10**）。人事担当者が記載した下書き（**図表 3-9 の A、B**）を、本文の箇所に挿入すれば情報提供書は完成します。

情報提供書の下書き例A

1. 社員の業務の特徴
　職場復帰後は各種の資料をもとに、グラフ・表を作成し、解説文をつける仕事をしています。作業自体は困難ではありません。

2. 社員の働き方
　しばしば数値の入力ミスがあり、作業能率はかなり低く、本来の彼の能力の3分の1ほどです。

3. 上司や同僚との人間関係
　特に問題ありません。

4. 情報提供の理由
1) 言動
　たびたび離席しトイレ等に行って、30分以上戻らない場合があります。本人によれば、「気持ちが落ち着かず、ついつい席を離れてしまう」とのことです。

2) 勤怠
正式復帰後2カ月目ですが、体調不良で、ほぼ週に1日欠勤します。

情報提供書の下書き例B

1. 社員の業務の特徴
　経理の仕事で領収書等を受領した後は、パソコン中心の作業です。期末には業務に関する統計資料（グラフや表）を作る業務もありますが、おおむね残業は少なく、月20時間以下です。

2. 社員の働き方
　特にミスはなく、仕事の能率にも問題ありません。

3. 職場の人間関係
　特定の同僚2名（女性）との人間関係が悪いようです。本人によれば、皮肉や批判的な言葉をかけられて辛いとのこと。

4. 情報提供の理由
1) 言動
　先週、泣きながら「不当な批判をされ、眠れなくなった。異動させて欲しい」と直属上司に相談があったため、受診を勧めました。

2) 勤怠
　一昨日から2日間欠勤し、本日は出勤しています。

〈テンプレートの記入方法〉
1. 社員の業務の特徴
　3行程度で減短高並に注目して書くと、主治医にストレス状況が伝わります。

2. 社員の働き方ならびに3. 職場の人間関係
いずれも3つの個体側要因 (マネ下手系、愛憎系、指示待ち系) のうち、当てはまる項目をキーワード的に盛り込みます。
4. 情報提供の理由
以下のように「ケチな飲み屋サイン」を記入します。
1) **言動** な：泣き言　の：能率　み：ミスやトラブル
2) **勤怠** け：欠勤　　ち：遅刻、早退
　症状のあれこれはあまり書く必要はありません。必要なら産業医が追記するでしょう。ただし、雇用上の義務違反がある場合、その事実を具体的に記載した後、以下の文言のように困っていることを明確にしましょう。

> ・以上のことで職場は大変困惑しています。
> ・以上のことで、ストレスを感じる同僚も少なくありません。
> ・以上のストレスで、不眠症気味な社員もいます。

図表3-10　情報提供書本体のテンプレート例

○×クリニック
　　　　先生　御机下

社員　□□　□□　　　歳　　男　女

　ご多忙中、誠に恐れ入ります。上記社員につきまして情報提供させていただきます。

＊＊＊＊＊＊＊＊＊＊＊＊＊＊＊＊＊＊＊＊＊＊＊＊＊＊
本文
⇒ここに情報提供書の下書きを挿入
＊＊＊＊＊＊＊＊＊＊＊＊＊＊＊＊＊＊＊＊＊＊＊＊＊＊

　情報提供の理由欄にしめしたことにつきまして、ご高診よろしくお願いいたします。
　なお、本情報提供書の具体的内容は本人には知らせておりません[5]。

　　　　　　　　　　　　　　　　　　年　　月　　日
　　　　　　　　　　　　　　　　　　事業所名
　　　　　　　　　　　　　　　　　　電話　　ファクス
　　　　　　　　　　　　　　　　　　産業医　○○　○○　　印

---

5) 「なお、本情報提供書の具体的内容は本人には知らせておりません。」という記述は、産業医と当該社員との信頼関係を保つことを目的としています。当たり前のことですが、医師同士の文書による情報提供においては、その内容について、患者 (当該社員) の承諾は不要です。

09 三者面談の目的とコツ

　職場－主治医間の情報連携としては三者面談が多いといえますが、大都市圏では拒否されるケースが少なくありません。本来、三者面談の目的は円滑な職場復帰を行うためにありますが、これは本来、使用者と産業医が行う作業です。また、わざわざ三者面談という手間ひまをかける目的は、くろうと問題（くりかえす休職・欠勤、ローパフォーマンス、トラブル）への対策もあります。時には退職勧奨のための情報収集という目的もありましょう。

　それはともかく、三者面談をクリアするためのコツを述べます。

1 ｜ 付き添い受診は拒否される

　もちろん主治医に電話をして、「様子をきかせてほしい」というのは不可です。これは身体の病気でも同じこと。医師に法律違反（患者の情報を無断で第三者に伝える守秘義務違反）を求めるもので、電話受付で拒絶され、会社の信頼をなくします。そこで人事担当者や管理監督者が家族のように社員に付き添っても、緊急時を除き、プライバシーを理由に診察室に入れてくれません。

2 ｜ 医療機関の経営という制約

　職場の状況を理解してもらい、主治医からアドバイスを受けるとなると、最低でも30分はかかります。ベテランの精神科医なら、30分の間に5人の患者を診て3万円以上の売り上げを出します。三者面談を健康

保険だけでやれば、30分で1人診るだけで6000円の売り上げにしかなりません。しかも、4人の患者を長時間待たせるから、他の患者さんから不満が出ます。

　しかし付き添い受診を拒否する表向きの理由は、医師の多忙さや患者のプライバシーとなります。仮に三者面談に健康保険がきき、30分で5万円（5000点）の収入があるとすれば、患者負担は1万5000円と厳しいでしょうが、ずいぶんと普及し、職場復帰支援は前進するかもしれません。

3 ｜ 面談料を払ってアドバイスをもらう

　主治医からアドバイスをもらう面談では、1万円を面談料として支払うのがよいのです。本人への接し方や職場復帰についての助言は、保健指導なので健康保険はききません。地域の医師会の考えでは、30分程度の面談は1万円の支払いが妥当となっています[6]。

　主治医の助言はメモにして、復唱し、行き違いが生じないように主治医と本人の確認をとります。当然、診察時間内（10分以下）では終わりませんので、主治医との合意が得られるなら診察時間外に、余裕時間をとってもらいましょう。

　三者面談は、
　①職場復帰のめどがたった事例
　②くろうと問題が関与している事例、で実施しましょう。

三者面談で主治医に聞くべきこと

1. 療養中に会社や上司が配慮すべきこと。どのように接するべきか？

6）具体的な支払額は医療機関によって異なります。

2. 職場復帰の時に勤務軽減が必要かどうか。望ましい労働時間、および残業、休日出勤、出張、交代勤務の可否や制限、あるいは重要な判断や責任の軽減・免除について。
3. 配置転換が必要かどうか、またその理由。

　もちろん本人と上司との人間関係に問題がなければ、上司−本人−主治医という三者でもよい。本人の了解が得られれば、使用者−主治医という二者面談もありえますが、慎重に実施するのが無難です。

4 ｜ 三者面談のポイントと面談予約状

1) みだりに病名についてきかない
　病名の意味をせんさくすると、主治医から、患者に不利な情報を入手して解雇したいのだな、と誤解されるため控えます。そっけない態度をとる医師も少なくありませんが、主治医が契約している相手は患者（＝社員）であり使用者ではないので、仕方がないことです。

2) 三者面談予約状
　図表 3-11 に予約状の文例を示しました。このようなものを職場が作成し、本人を通じて主治医に渡すとよいでしょう。

COLUMN
三者面談は
困難になりつつある
　職場のメンタルヘルス問題が今ほど悪化していなかった頃は情報提供の必要性は少なく、せいぜい三者面談をすれば良かった。しかし現在では、種々の要因（医師の多忙さ、医療経営、個人情報保護）で三者面談は容易ではなく、当該社員が拒否する傾向にあります。したがって産業医を通じた情報提供書を活用しましょう。

図表3-11　三者面談予約状の例

○○心療内科　　　○○先生　御机下

ご多忙中誠に恐れ入ります。

このたび社員○○○○を御高診[7]いただき、誠にありがとうございます。課員の療養・職場復帰につきましては、私、○○○○が担当しております。

職場復帰については、弊社および上司に、社員の安全と健康に配慮するべきという法律上の義務がありますので、先生のご助言をたまわりたく存じます。

そこで、適切な療養・復職のために弊社が注意すべき事柄など、先生から直接ご教示いただければ幸いです。必要ならば発病前の勤務状況などについて、情報提供させていただきます。

なお面談はすべて本人の同席のもとに行い、本人の不利益たとえばプライバシーの侵害にならないよう努める次第です。

なお、この面談につきましては、保健予防の領域でありますので、面談料(30分1万円)をお支払いいたします。ご高配の程なにとぞ宜しくお願いいたします。

ご了解いただけましたら、その旨を本人にお伝えください。

○年○月○日
事業所名○○○○
担当者名　○○　○○

10
人材管理のツボ　ねぎらい

本節と次節では、不調者に対する勧奨指導のノウハウを述べます。

一般に官民問わず健康な社員に対しては厳しく、体育会的に勧奨指導する反面、いったん不調になると手のひらを返したようになることがあ

---

7)　御机下（ごきか）、御高診（ごこうしん）など耳慣れない用語ですが、普段、医師同士の紹介状で用いられ、商用文でのテンプレートのようなものです。

ります。つまり不調者の問題行動は放任、容認するという腫れ物扱いです。

1 | もったいない職場

　一方、筆者がストレスチェックの面接指導をしたり、集団分析結果を検討すると、一部の職場と管理監督者について痛感することがあります。それは、「実にもったいない職場！」ということです。

　管理監督者自身も長時間労働をして精一杯奮闘しているのに、努力の割には成果が出ない、あるいは部下のやる気が乏しい職場があります。そのうえ、ストレスチェックの結果で職場の支援が乏しいと分析され、上級管理者から改善を求められる管理監督者もいます。これでは報われません。実にもったいない職場です。そのような職場には次の特徴があります。

〈もったいない職場の特徴〉
　努力の割に成果が出ない、スタッフのモチベーションが低い

□仕事の会話のことあるごとに「なぜ！」を使ってしまう。
□仕事以外の会話（雑談、四方山話、私生活の話）をしない。
□ねぎらいの言葉がかけられず、ダメ出しばかりする。

出所：鈴木安名『新・職場で育てよう!! こころの健康』一般社団法人 全国社会保険協会連合会

　以上のうち一つでも当てはまる職場はコミュニケーションを改善すると、職場の生産性とスタッフのモチベーションが高まり、ストレスチェック結果も改善します。

2 | 「なぜ」は生産性の低い言葉

　日常のコミュニケーションで、「なぜやらない！」「なぜミスをした！」と追及する管理監督者が少なくありません。実は、トヨタ生産方式における改善活動としての「なぜを5回」は別として、業務上の会話における「なぜ」は問題解決につながらない生産性の低い言葉です。

　これを管理監督者や先輩が連発すると詰問、責めとなり、言い訳ばかりする消極的な社員を作り出してしまいます。なぜ？は疑問詞ではなく、お約束の責め、詰問です。

　逆に、言い訳ばかりする部下がいたら、指示待ち系と決めつけず、上司は「なぜ！」を多用していないか振り返ってみましょう。

改善策　「なぜ!?」を他の疑問詞に置きかえる

どうすれば　　　「どうすればミスが減るかな？」
いつ？　　　　　「ミスにはいつ気づいた？」
どこの・どこで　「どこの工程、どの業務でミスが出やすいのかな？」
誰と？　　　　　「誰と組んだらミスが減るかな？」

というふうに、なぜ（WHY）と言いたくなったら一呼吸置いて、どのように（HOW）、どこで（WHERE）、誰（WHO）、いつ（WHEN）という別な疑問詞で質問すると部下の頭の中に、改善のヒントが生まれてきます。

　過干渉な親は毎日「なぜ！」を繰り返し、かわいそうな子どもは無力感に浸り、やがては指示待ち系になる。上司が「なぜ！」というほど部下は言い訳をします。なぜなら、この「なぜ」は理由や根拠を尋ねる形式にみえて内容は責め、つまり形式と内容が乖離しているので、矛盾に満ちた意味のないフレーズとなるからです。また責めたくなるほどの問題行動があるならキチンと勧奨指導し、必要なら懲戒処分をします。

3 | 雑談・四方山話による自己開示

第2章で述べた3つの個体側要因が強いと人間関係で緊張感や不安感を持ちやすくなります。従って、管理監督者が「わからない時は質問しなさい」と言っても、コミュニケーションは改善されません。その前工程として時間はかかりますが、仕事以外の話題で心を解きほぐしましょう。

また、職場での会話がすべて仕事の話というのは、一見効率的に思えますが、全く違います。

時に、部下の家族構成を知らない上司がいますが、そういう職場ではスタッフ間の過度な競争心や警戒心が生じやすくなり、愛憎系や指示待ち系には辛い場所です。

自分のことについて話すこと、ある意味自分の弱みをさらけ出すことを自己開示といい、相手の警戒心（人間の本能でもある）を減らし親近感を高めます。休み時間などに趣味とか好きな食べ物や芸能人の話題などの雑談で自己開示ができる職場は、愛憎系と指示待ち系にとって安心できる職場ですから、協調性（チームワーク）が高まります。

まずは管理者から率先垂範して、自己開示してはどうでしょうか？

4 | ねぎらいというストレス中和剤

「仕事はやって当たり前」「できて当然」という態度の管理監督者や先輩は損をしています。

筆者はストレスチェックで、250名以上の高ストレス者の面接指導を行い、そこで判明したことは、部下は上司や先輩に怒りを抱いていること。だから、職場でのストレス中和剤があると便利で、それが「ねぎらい」で、今流行りの承認欲求を満たす強力なツールです。

「ねぎらい」はこれ自体で部下の承認欲求が満たされます[8]。

ねぎらいとは

　具体的には仕事の区切りがついたところで、ご苦労さん、ありがとう、君のおかげで助かった、などと言うもので、あいさつと同様に部下や社員の帰属意識を向上させ、スタッフモチベーションを高めるための強力なツールです。「頑張れ」という言葉かけは仕事が始まる前は激励（プレッシャー）になりますが、仕事が終わった、区切りがついた状況では、「頑張ったね」という過去形となり、ねぎらいに変化します。

　右肩上がりの高度成長やバブルの時代は、「なぜ！」や「ダメ出し」というイケイケの体育会的な管理がフィットしました。しかし低成長、右肩下がりもある時代、仕事の苦労に見合った地位や報酬は得られないこともあるので、パワー系の管理はそぐわないのです。誠実に人事考課を行ったのに、「頑張っているのに、ひどい評価をされた！」と恨まれたりすることもしばしば。

　しかし、「いつもありがとう。でも、このご時世なので、高い評価はつけられなかった。けれど君は今回、本当に頑張ったね！」と上司から言われたらどうでしょうか？

　上司から自分の存在を認められたことで、部下は苦労が報われたと感じるのです。愛憎系や指示待ち系には特に効きます。ただしそれを受け入れる表情はポーカーフェイスで、ひねくれた反応を示すのが常ですので、めげないで繰り返してください。

8）参考文献　太田肇『承認欲求──「認められたい」をどう活かすか？』東洋経済新報社　これも名著です。

5	形から入る

　筆者が研修などで、以上をお話しすると、「本心でないことは言えない」とか「突然、そんな言葉かけをしたら、部下は逆に警戒する」という意見を言う人がいます。そういう方はちょっと愛憎系が混ざっているのかも。

　部下のモチベーションを上げるのが、管理監督者の本業（人材管理）です。コストのかからない自分の口を使う、それが人材管理です。

　それはさておき、まずは形式から入るのがポイントです。

　たとえば、出先から帰ってきた部下に、いきなり結果を問いただすのではなく、まずは相手の目を見て「ご苦労さん」という。仕事を手伝ってくれた人には、その場で「ありがとう」とジャスト・イン・タイムで言うことです。形式的な言葉かけなのに、部下の表情は和み、その顔を見た自分の気分も良くなるのです。

6	話し方が大事

　管理職のちょっとした心遣いで、大多数の部下の心は自然に健康になっていくのです。部下をねぎらったり、ほめたりするのが嫌いという方は、なんといっても山本五十六の名言をお読みいただきたいと思います。

「やってみて　言って聞かせて　させてみて　ほめてやらねば　人は動かじ」

「話し合い　耳を傾け　承認し　任せてやらねば　人は育たず」

「やっている　姿を感謝で見守って　信頼せねば　人は実らず」

コストダウンが限りなく追求される現代だからこそ、タダの口を使い、ねぎらいの言葉を駆使して、部下のメンタルヘルスとモチベーションを向上させる、というのが長期の不況時代に生き抜くコツと筆者は思うのです。これができない方は、壁に向かって練習する、あるいはパートナーに使ってみる。そう、話し方もまた技術なのです。

11 勧奨指導における合理的配慮 ジコイタ法

現代はプライドの時代。注意指導を下手にするとパワハラといわれ、時に親がしゃしゃり出てくることも。注意・叱責には合理的な配慮が必要で、以下にこの手順を示しますが、これは筆者のオリジナルでジコイタ法と言います。

1 | 指導の前後でねぎらいの言葉をかける

部下の問題行動について注意、勧奨指導する場合、その前後で相手の承認欲求を満たします。要するにねぎらいの言葉をかけます。

2 | ジコイタ法の例

イライラして机を叩く社員を例に示します（**図表3-12**）。まずはねぎらいから入ります。
「いつも課のために、頑張ってくれて助かります」
「あなたの頑張りに感謝しています」など。

図表3-12　ジコイタ法

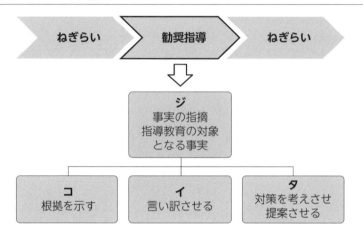

　次に指導に入ることを示します。

「ところで今日は、あなたにとって少し厳しい話をします」

1）ジ　事実の指摘と確認

　○月□日と×月△日に机を何回か叩いていましたね[9]。

2）コ　注意指導する根拠を説明

　机を叩いたり、物を蹴ったりするのは職場秩序遵守義務に反するので、注意をします。

3）イ　言い訳をさせる

　理由を尋ねます。「あなたらしくないなあ、どうしてそうしたの？」

---

[9] 相手が否定する場合も想定し、あらかじめスマートフォン等による録音・録画をしましょう。必ずしも相手の承諾を得る必要はありません。

ここで「すいませんでした。以後十分気をつけます」などの謝罪があ
ればよいのですが、たいていは「不公平でイライラしていたから」「自
分にばかり仕事が来るから」のような他責的な言い訳が出ます。管理監
督者は腹が立ちますが、その挑発には乗らず、「なるほど、あなたはそ
ういう気持ちで苦しんでいたのだね」と共感しつつも、「でも、ルール
違反はいけないね。あなたらしくない、これからは職場秩序を守ってく
ださい」と原則で切り返すことです。

　時に「この不公平な扱いについては、弁護士に相談したいほど」とい
う脅かしめいたコトバも出ますが、挑発に乗らず「弁護士に相談したい
くらい、腹が立ったのだね……」と、かわしましょう。そしてワンテン
ポおいて、相手の気分が収まるのを待ちます[10]。

4）タ　対策を立てさせる　管理監督者も対策を立てる

　ここまできたら、対策を立てさせます。「以後、気をつけます」「注意
します」というような、内容のない回答がほとんどですが、「理解して
くれてありがとう」とねぎらいます。

　でも、それで改善がされる確率は低いので、当該社員の怒りを分析
し、その問題解決を図ります。たとえば監督者が当該社員を観察して、
イライラしそうな時には休憩を取らせる、当該社員が信頼している先輩
から声をかけてもらうというように。

　相手の言動によっては、この後、以下のように受診命令を出します。
課員　「課長、自分でもイライラを止められないのです！　どうすれば
　　　　良いのですか？」
課長　「ひょっとしたらストレス病かも、一度受診をしてみようか。病

10） 上手に共感をすると相手の怒りや悲しみの感情が高まりますが、焦らず気持ちの鎮まるのを
待つ。しかし、激高する場合は、「この話はまた後日にしましょう」と撤退するのがコツです。

気でなければ問題ないし、病気なら治せばいいのだから」

なぜわかりきったことを、ジコイタ法のように伝えるのでしょうか？
それは、
①高すぎるプライド（傷つきやすさ）への対処だけではなく、
②社員の理解力低下への対応です。
　最近の若手では、学歴にかかわらず相手の発言や記載された文章の意図をくみ取る能力が低下しています（特に指示待ち系）。行為Xは規則違反。規則違反で評価の悪化や処分がありうる。だから行為Xで評価の悪化や処分もありうる。という三段論法がパッと浮かばないのです。発達障害でなくても忖度できない、すなわち場の空気を読めない人が増えたということです。
（参考文献）新井 紀子『AI vs. 教科書が読めない子どもたち』（東洋経済新報社）

---

3 ｜ 勧奨指導のコツ

　勧奨指導はある種の駆け引きで、前述したように子どものしつけと同等のものです。
　一方、駆け引きに巧みな不調者もいます。「法的根拠を示せ」というのは、ましというか立派です。問題は次のようなものです。
　たとえば職場での頻繁な私語について注意する場合、
「誰にも発言の自由がある。これは憲法で保障されているはずです！」
という詭弁的な一般論です。

「誰にも発言や行動の自由があるとは限らない」「憲法の問題ではない」
など、相手と同じレベルの一般論で対応しても効果はなく水掛け論になります。

一般論で反論されたら、より具体的な法律論で対応しましょう。「ここは会社で、雇用上の職場秩序遵守義務があります」というように。

　逆に、「私は今、通院中なので難しい話はわからない」という具体論で反論されたら、「就労中の誰もが、雇用上の義務を負うのです」という、法的な一般論で対応すること。

　「難しい話ではない、よく聞いてください」「このくらいは理解してもらわなければなりません」という、相手と同じレベル[11]の具体論で対応しても説得できません。

　つまり以下のように対応することが勧奨指導のコツです。

```
勧奨指導の要点
● 共感を示しつつも、原則を述べるという合理的配慮のもとに、

● 相手の一般論には具体論で説明し、相手の具体論による主張には一
　般論で対応する。
```

---

[11] ここでいう「同じレベル」とは説得力の優劣を意味してはいません。バートランド・ラッセルやグレゴリー・ベイトソンの論理階型理論というとても難しいことにもとづいています。本節では、ざっくりと具体論、一般論という議論にとどめました。

12 発達障害が疑われる社員への対応

1 | 発達障害の特徴

　ネットに出ているような記載で恐縮ですが、教科書的に、発達障害の特徴を以下に示します。

1) 社会性の障害
　場の空気が読めない、常識や職場習慣になじめず、組織の中で適切に行動できない。

2) 想像力の障害
　他人の気持ちが理解できない、物事のつながりが理解できない、先が読めず臨機応変さが欠如、興味範囲が著しく限定しているなど。

3) コミュニケーション障害
　会話全体（文脈や行間）を理解する能力に乏しく、具体的に言わないと理解できない、比喩や抽象表現が理解しにくく冗談が通じない。

4) 処理速度が遅い
　同時並行作業、マルチタスクが著しく苦手、時には電話（会話）をしながらメモをとることもできない。優先順位がつけられず、ものごとの全体像がつかめない。逆に仕事の細部に目が行きすぎて、部分にこだわり、仕事が先に進まない。

5) 聴覚メモリが小さい

　口頭で出した指示内容の全部が覚えられず、抜けてしまう。「何度言ったらわかるのだ！」といいたくなる部下の場合、これがあるかもしれません。逆に視覚の記憶は良いこともあります。また、反対に視覚のメモリが小さい人もいます。

6) 居眠り

　社員の問題行動で多いのが勤務中の居眠りです。注意欠陥・多動性障害（ADHD）では、興味や関心が強い分野では、仕事に集中できますが、そうではない業務では集中力が落ち、寝てしまいます。

　普通はありえない状況（上級管理職が参加した会議など）で居眠りが起こる場合は、ADHDか睡眠時無呼吸症候群の可能性があります。

7) 自己理解が困難

　反省すなわち自分を振り返ること、自己洞察が極めて苦手で、上記の問題点を指摘されても理解できずに反発する、人のせいにしがちです。

---

2 ｜ 発達障害の顕在化とその条件

　ところで、ある社員を「発達障害では？」と疑うきっかけは何でしょうか？

　多くの管理監督者は、ローパフォーマンスや問題行動から考えるはず。ケチな飲み屋サインでいえば、能率の低下やミス、トラブルです。

　たとえばA課長が、入社後8年以上過ぎたBさんを「発達障害ではないか？」と考え、実際にローパフォーマンスやトラブルで困っていて、あなたのもとに相談に来たとします。

　しかし不思議です。発達障害は生まれつきのもので、入社時には判明

しているはず。遅くとも3年目までには判明するでしょう。歴代のBさんの上司はどうしていたのでしょう？

　はい、Bさんのローパフォーマンスは入社時からあって、歴代の管理監督者は大目に見ていたので、人事担当者にとっては顕在化していなかった。しかし、それが最近顕在化したのです。

　それはA課長の部下になったからかもしれないし、要員が減ってBさんのローパフォーマンスが目立つようになったからかもしれない。あるいは、Bさんをフォローする同僚からのクレームで顕在化したのかもしれません。

　つまり発達障害[12]は、ある特定条件の下で顕在化するのです。
　これに対して、メンタル不調の重要な本質は勤怠不良であり、条件など無関係です。
「先週の月曜日に欠勤した。今週は火、水曜日と連続して欠勤。メンタル不調かも？」というように。

　次に、発達障害が顕在化する状況を列挙しました。

---

12) マネ下手系と発達障害
　ここまでお読みの読者なら、マネ下手系は発達障害と関係していることにお気づきでしょう。しかし、マネ下手系でもその度合いが軽ければ、担当者としての業務に大きな不具合はないと思われますので、マネ下手系＝発達障害とはしなかったのです。
　ちなみに軽いマネ下手系がメンタル不調として顕在化するのは、昇進昇格や役割の大きな変化があった時です（第4章Q20）。

発達障害が顕在化する状況

1. 上司や先輩による点検監視、注目の増大

上司が交替し点検監視、勧奨指導が強化される状況やメンター制度のある部署の新人。

2. ミス・トラブル

重大なミスやトラブル、クレームがきっかけとなり、上司や同僚からの注目が集まる状況。

あるいは産業医など第三者の関心が高まる状況。

3. 要員減、支援者の異動、チームワークの低下

要員減で仕事量が増えた、あるいはカバー、フォローしてくれていた同僚の異動の結果、本人への負担が増える。職場の過度な競争やコミュニケーション不良により、チームワークが低下した状況。自分のことに精一杯で、他人（ローパフォーマー）のカバーやフォローの余裕がない職場状況などなど。

4. 減短高並の職場

なんらかのきっかけで要員減、短納期、高精度、同時並行の度合いが強化。

5. 昇進昇格　役割の変化

今まで余り必要ではなかった管理能力が大きく求められる状況で顕在化する。

6. メンタル不調の発病

「くろうと問題」が顕在化し、産業医や主治医が発達特性に気づく。

以上の顕在化の概念を知ることで、従来の教科書的な発想とは異なる対応が可能になります。

3 | 医療的な対応

　教科書的な対応は受診を命じて発達障害の診断を受け、就労環境を調整し、ジョブコーチの支援を活用するというもの。しかし、これがうまく通用するケースは少ないです。

　学校時代に WISC や WAIS-Ⅲ という検査で発達障害と診断され、適切な教育訓練を受けてきた人は、一定の洞察力があります。しかし、きちんとした教育訓練を受けず、就職後に顕在化した人々は、本人にその自覚が乏しいこともあり、教科書的な流れに乗りにくいのです。そうはいっても仕方がないので、医学的対応の流れを以下に示します。

1) メンタル不調での顕在化

　この場合は、主治医や産業医がそれなりに対応してくれます。対応の成果は別にして、医療的な流れ、すなわち私傷病休職等の規定が使えます。

2) ローパフォーマンスとトラブルでの顕在化

　これでいきなり医療的対応をするのは誤りで、書面を含めての勧奨指導の後、必要に応じて医療的な対応をするのは当然です。

　しかし、先に述べたように発達障害の社員は自己理解が困難なので、「自分は障害かも、病気かも」と気づく人は多くありません。時には受診勧奨に対し、障害者扱いされたと腹を立てることもあります。受診勧奨には以下の表現が有効です。

> 1.「あなたは今、（ミス・トラブルなどで）色々あって、ストレスフルでしょう。ストレス病になるのも問題ですから、予防的に心療内科に受診しましょう」という。

2. 「あなたは今、（ミス・トラブルなどで）色々あって、ストレスフル
   でしょう。ストレス病になっているかもしれないので、<u>念のため健</u>
   <u>診目的</u>で心療内科に受診しましょう」という。

　本人がストレスを感じているのは事実ですから下線のキーワードを活
用し、必ず産業医を通じて担当する医師に情報提供をします。

3) 自分で気づく場合

　洞察力がある程度備わっている人では、その生きにくさから「自分は
発達障害かも」と気づいて、産業医などに相談に来る人もいます。その
場合は、ストレートに医療機関を受診してもらえばよいです。

4) 受診先

　しかし、発達障害の専門医は予約待ち半年、一年というのはざらで、
地方には専門医はほとんどいません。2）と3）の場合、まずは、メンタ
ル不調対応で信頼できる医療機関に受診してもらいます。その際、くど
いようですが産業医を通じた情報提供書が不可欠[13]です。

4 ｜ 人材管理的対応

　発達障害が疑われる社員も当然、雇用関係にありますから以下の対応
が可能です。

1) ハードな対応

　勧奨指導してもトラブルが改善しない、ルール違反をやめない場合

---

[13] マネ下手系のチェックリストで当てはまるものが多ければ、具体的に列挙します。ただし、
くれぐれもチェックリストそのものを同封することはやめてください。

は、当然懲戒処分という流れがありましょう。あるいは懲戒処分 ⇒ 退職勧奨 ⇒ 自己都合退職という流れもあり、法律専門家のアドバイスのもとに行いましょう。

2）ソフトな対応

　雇用継続が前提となっても、医療的対応に限界があることは先に示した通りです。かといって現状では、人材管理のマニュアル的な対応方法はありません。数多のメンタル本があるように、「発達障害本」が増えているのも、その対応が困難だからです。そもそも勧奨指導でパフォーマンスが改善したり、問題行動が激減したりするならば、特性とか障害とはいえないでしょう。まずは、以下の発達障害が疑われる部下を持った管理監督者の心構えをご覧ください。

管理監督者の心構え

1. 勧奨指導が通用しないのは障害のためで、本人や自分の努力不足のためではない。

2. 「せめて半人前に育てたい」という管理監督者のエネルギーは、他の部下に向ける方が組織にとって効率的である。

3. 通常の戦力としてあてにせず、本人に向いた仕事をさせると割り切り（適性配置）、人事考課と処遇はそれに見合ったものにして、組織の士気を保つ。

4. ルール違反にはきちんと対応する。

---

5 ｜ 残業制限で労務災害を防止

　上司が部下のローパフォーマーを熱心に勧奨指導すると、長時間残業

になり「労災認定」という残念な結果にもなりかねませんので、人事担当者は、まずは残業を控えさせるべきです。

　またローパフォーマーと熱血上司の組み合わせで「善意のパワハラ」が起こりやすいので、ローパフォーマーの指導に夢中になりすぎる管理職には注意が必要です。

6 ｜ 業務の調整

　101ページで述べたように、相対的に対物業務かつルーチンワークの業務を命じると良いでしょう。また口頭指示だけでなく文章やメモで指示するのがポイントです。箇条書きの文章やメモにして指示命令します。ただし5W2Hを明確に。

例　書面もしくはメールで
○月X日の午後1時までに、これらの手書き文書をPDFファイルにしてください。
○月△日の午後4時に、どの文書まで終了したか、TOメールで私に報告してください。

　とはいえ、職場はリワーク施設ではないので、くれぐれも管理監督者が抱え込まないようにしましょう。

7 ｜ 本人と関わる人を増やさない

　発達障害の社員は、コミュニケーション能力が低いだけでなく、脳の情報処理の方式がシングル・フォーカス、モノ・レイヤー（47ページ）という特性があるので、就労支援という名目にせよ、会社内外の色々な人間と関わらせると混乱をきたします。

以上の対応方法をまとめますと、次のようになります。

対応のまとめ

1. 残業制限
2. 熱血上司・先輩と切り離す
3. 指示命令方法の工夫
4. 減短高並は控え自己完結的業務
5. 対人業務は減らして対物業務　関わる人間を減らす
6. 電話対応、割り込み・飛び込み業務（トラブル対応）の免除
7. 並列業務は避け、直列に
8. 苦手な業務は誰かが代行

---

8 | 責任ある能力開発の保留

　最後のポイントです。異論はありましょうが、仮に発達障害であるなら人材育成や能力開発は困難で、ロスが大きい。

　要するに能力開発は保留とすることです。

　ただしルールは守ってもらい、それが困難ならハードな対応も検討すべきという意味で「責任ある」能力開発の保留としました。そして適性配置と処遇がポイントになります。職場はリワーク施設ではなく労務の提供をする場所ですから。

参考）ミスマッチ人材

　前述の岡田尊司さんの著書にもあったように、発達障害ではない人がそう決めつけられている場合もあります。**図表 3-13** に示したように、強い愛憎系や指示待ち系の人は発達障害と誤認されやすい傾向があるのです。

　大事なことは、病名や障害名ではなく、働き方特性と労働の特性との

図表3-13　発達障害と思われる人材の内訳

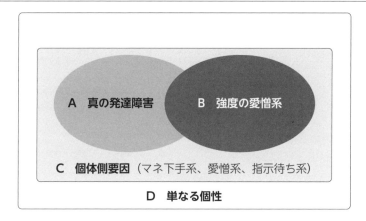

ミスマッチがあることです。従って筆者は、最近は発達障害ではなく、ミスマッチ人材と表現することもあります。

第**4**章

トラブル・リスク対応 Q&A

Q01 問題行動への対応原則

　最近、社員の問題行動への対応が増えています。それも不調者なの
か、そうでないか、わからないケースです。不調なら受診を勧めなけれ
ばならないし、不調でなければ勧奨指導をすべきでしょう。何か役立つ
方法や考え方はないでしょうか？

回答　問題行動への対処の要点は、まずは根拠をもとに書面により勧奨
指導もしくは注意すること。注意、時には叱責（懲戒処分）する根拠は
21ページで述べた雇用上の労働者の義務（**図表1-4**）です。これに関連
した問題行動について**図表4-1**に示しました。これらの労働者の義務
は契約上の債務なので、メンタル不調か否かにかかわらず、労働者は誰
もが担っています。

　深刻なものは改善注意書などの書面で改善を命じる必要があり、改善
がなければ、懲戒処分もありえましょう。

1 ｜ 注意しなければ改善しない

　一部の管理監督者の中には、「問題行動はメンタル不調のため」と考
え、ほとんど注意せず、いきなり心療内科の受診を勧める人がいます。
次に労働者の問題行動に対する管理監督者の誤った対応例を示します。

> **模擬事例　管理者の誤った対応**
> 　製造業の設計技師（27歳男性、院卒）。4年目になって、イライラ
> が目立つようになりました。彼の所属する工場内ではヘルメットの着

図表4-1　社員の義務と問題行動

1. 労働義務

無断欠勤、診断書の提出のない長期欠勤
  ➡重いメンタル不調、著しい指示待ち系、発達障害

2. 職務専念義務

- 居眠り
- ボーっとしている
- 頻回離席
- 業務処理速度の著しい低下
  ➡メンタル不調による思考の制止

- 就労中の私的なスマートフォン、パソコン使用
- SNS、ネットサーフィン
- 投資活動、ネットオークション
- 長時間の私語
  ➡社会性の乏しさ、躁状態

3. 業務命令に従う義務

- その命令は納得できないから従わない
- 管理監督者に命じられた手順やマニュアルに従わず、自分勝手に作業する
  ➡社会性の乏しさ、発達障害にもとづく自己中心的なこだわり

4. 誠実義務

- 明らかに事実とは異なる言い訳や取り繕い
  ➡発達障害、若年性認知症

5. 職場秩序遵守義務

- 大声を上げる、器物を叩く、蹴る等の衝動的行為
- 自傷他害行為
  ➡メンタル不調の有無にかかわらず衝動性が高まった状態

用が義務ですが、時々、「なんで俺にばかり仕事が来るんだ！」と怒ってヘルメットを外して床に叩き付けるのです。またパソコンのキーボードやマウスなどを叩いて壊すという衝動的な行為が続いたため、直属上司の係長はメンタル不調を疑い、心療内科の受診を命じました。

　ところが「自分は精神病ではない。そんな差別発言はやめて欲しい。パワハラではないのか！」と逆ギレされ、係長は彼の言動が恐く何も言えませんでした。その後も彼の問題行動が続いています。

2 ｜ まずは勧奨指導

　社員の問題行動をみたら、まず注意（勧奨指導）をして、必要に応じて受診命令（通院中の場合は繰り上げ受診）をします。ここでの勧奨指導には、125ページで述べた合理的配慮（ジコイタ法）が役に立ちます。

　ちなみに筆者の調査結果では、一般に問題行動をとる社員に対し、以下の誤った対応がみられます。

- いきなり心療内科の受診を命じ、問題行動への注意・叱責をしない。

- メンタル不調の社員の問題行動をみても、腫れ物に触るような姿勢で事実上放置する。

　要するに問題行動（ルール違反）の放任・容認で、使用者が行うべき人材管理を医者に丸投げしているわけです。ちなみに放任・容認は職場秩序を乱し社員の士気を低下させます。これによる最悪の結果（自殺）をQ7の160ページに示しました。

　メンタル不調による問題行動は重い精神障害（統合失調症や双極性障害）だけでなく、第2章で述べた3つの個体側要因（マネ下手系、愛憎系、指示待ち系）が土台にあるメンタル不調であることが多く、模擬事例のような逆切れ（怒り）の反応を示すことがあります。また今は不調でなくても、今後発病するリスクが大です。だからといって勧奨指導を放棄してはいけません。また重要なことは、書面を用いて勧奨指導することで、怒りの反応を示すような社員に対して役に立ちます。

　なぜ書面が有効かということは、もちろん法的な意味もありますが、医学的にも大切です。

　個体側要因があるメンタル不調者（マネ下手系、愛憎系、指示待ち系）は、根本的には自己中心的かつ他責的なために、勧奨指導に対し、無理解と怒りの反応が出やすいのです。また、矛盾するようですが、このような人々は権威に弱く書面上で「雇用上の○○義務違反なので改善を命じる」という法的な文言があると冷静になって命令に従いやすくなります。つまり、ジコイタ法のポイントは、勧奨指導を行う上での客観的な根拠（コ）であり、管理者の主観的な経験ではないということです。

　法的視点は別にして、心理学的には他責とプライド重視の特性を逆手にとった以下のニュアンスがポイントで、見かけ上、管理者自らを下げ、相手を上げることが重要です。

説得のための話術

1. この勧奨指導を行わないと法的な逸脱が続き、

2. 管理監督者である私の法的責任が上から問われ、たいそう困って

しまいます。

3.　優秀なあなたならわかってくれると、私は思うのです。

---

4 | 受診の際には情報提供書

　問題行動にプラスして「ケチな飲み屋サイン」が当てはまれば受診を勧めるのは当然ですが、その際、産業医に情報提供書を書いてもらい主治医に送付すると効果的です。

Q02　受診命令に従わない場合

　メンタルヘルス不調と疑われる社員がいますが、仕事が忙しいことを理由に医師の診察を勧めても応じてくれない場合、どう対応すればよいですか？

回答｜受診は業務命令が可能で、拒否が続けば労務提供の申し出があってもその受領を拒みます。再三の受診命令にもかかわらず受診しないこともあります。その場合は本人が適切な医療機関を受診して健康上の問題がないと証明しない限り労務の提供を拒むと説明し、それを実行すればよいのです（傷病休職の発令）。使用者には医療機関への受診や産業医への相談を勧める（命令もしくは勧奨）権利（業務命令権）があって、それは法律上の安全配慮義務と一緒になったものです。

Q03　単身者の場合の療養場所について

　メンタル不調者が単身者の場合、療養場所について、どのような配慮が必要ですか？

　やはり単身では自殺や事故のリスクがあるので、休職となったら実家で療養してほしいのですが、それに応じてくれない社員もいます。

回答　業務上の要素の有無で対応は異なります。

1　業務上の要素が乏しい場合

　実家での療養にこだわらないで、まずは本人の意思を尊重しつつも、休職の事実は家族に伝えるように指導すべきでしょう。しかし「実家はストレス」と感じる人も少なくありません。その理由は以下の二つです。

模擬事例　27歳、独身男性、一人暮らしの研究開発職

　メンタル不調で９カ月間休職している人です。以下は診察室における主治医との会話です。

患者　「わが社では８月のお盆に夏祭りがあって、各課で夜店を出したり催し物をしたりしている。どういうわけか、両親が夏

祭りの見物がてら自宅に来るのです。それで大変困っています」

主治医 「どうして困るのですか？」

患者 「病気で休んでいることが親にばれてしまうからです。何か良い方法はないでしょうか？」

主治医 「9 カ月休職しているのに、ご両親にはそのことを伝えてないのですね？」

患者 「はい」

主治医は療養の事実を親に伝えるように指導しましたが、患者は頑なに拒否しました。

1）愛憎系は実家がストレス

愛憎系の不調でこれが当てはまります。そのような人では親子関係に課題があり、自宅に帰るどころか、休職していることを家族に伝えていないこともしばしばです。中には家族と暮らしているのに、休職中であることを知られたくないため、毎朝、出勤しているふりをしてカフェや公園等で過ごすケースもあります。療養に専念するよう勧奨指導すべきですが、状況により産業医を通じ、主治医にこの状態を情報提供すべきです[1][2]。

2）うつ病の症状のため

また、家族関係に問題がなくても、うつ病では会話をするのも億劫で、人と関わりたくないという気分になるので、単身者は「自宅でゴロゴロするのが一番楽」と考えます。

対応は 83 ページに示した「療養についての確認書」を参照して以下をチェックします。

---

[1] 自殺は実家であろうがなかろうが、起こるときには起きてしまいます。

[2] もちろん「死にたくてたまらない」「昨日死のうとして失敗した」というように自殺への衝動が強い場合、人事担当者は守秘義務を解除し、ただちに上司や家族に連絡します（178 ページ Q15）。

> 1. 実家（自宅）での療養を勧めつつも、本人の意向を重視する。
> 2. 単身療養の希望があれば、休職について会社から家族に伝えて良いかどうか聞く。

　これに OK という回答なら家族の誰に対して、どのような方法（電話か面談か）で伝えるべきかをたずね、そのように実行します。

3) 休職間のやりとりを誰と、どのようにするかを確認する

　管理監督者、人事担当者、産業医などの選択肢を示し、誰を希望するかを確認する[3]（療養についての確認書　83 ページ）。

---

2 ｜ 業務上の要素が多い場合

　メンタル不調の原因が業務に起因することが明らかであれば、労務災害として災害補償給付の対象となり、かつ安全配慮義務違反による損害賠償請求等の問題が生じ得ます。このためメンタル不調の要因として、業務上の要素が多い場合には、組織としても、メンタル不調者への対応がより一層慎重さを求められます。

　まずは同不調を理由に休業の必要が疑われる場合には、速やかに産業保健スタッフからの助言を受けたうえで、休ませなければなりません。また休職後しばらく経った後、被災労働者やその家族から、拙速な復職申請がなされることも多々ありますが、この場合にも産業保健スタッフ等が主治医から診断書等の情報を適切に収集のうえ、慎重に復職可否判断をなす必要があります。

---

[3]　一般にメンタルヘルス不調者への対応として、複数の選択肢を示し、その中から選んでもらうのが上策です。逆にいえば、3つほどの選択肢を出せる管理監督者や人事担当者はメンタルヘルス対応の達人ともいえます。

また何よりも留意すべきは療養期間中におけるメンタル不調者の状況把握と必要な助言です。もちろん被災労働者本人のプライバシーの問題がありますが、自死といった事態を招くことのないように、組織として最大限の配慮が求められます。

Q04 療養期間中の報告義務

社員には、療養期間中の報告義務はあるのでしょうか？

私が人事担当になった時、休職中の男性社員との連絡が十分取れないまま9カ月以上経過している事例を引き継ぎました。携帯での通話やメールに対して「話したくない、会いたくない。主治医もそれを認めている」という返答でした。仕方なく実家に連絡した所、「息子の連絡先は言えない。そもそも親が連絡するのではなく、お宅が連絡するのが筋だろう！」という反応で困っています。

回答 前記質問3の回答のとおり、会社側としても、円滑な復職支援に向けて、療養期間中の状況を把握しておくことが極めて重要です。また何よりも療養期間中であれ、休職期間中も雇用契約が存続していることに変わりはありません。本来は労務提供義務が生じるところ、疾病の治療を理由に労務提供免除しているのが休職期間であり、会社としても治療状況を当然に把握しうる立場にあります。

しかしながら、他方で留意すべきは、その治療状況の把握方法です。本人のメンタル不調の一因となった上司などが、強圧的に報告を求めるような場合、当然に治療自体に支障が生じ得ます。そのようなことがないよう、治療状況の報告につき、定型用紙を定め（**図表4-2**参照）、これを手紙・ファクスまたはメール等で送付を求めるのが、まずは適当な

図表4-2　療養状況報告書

療養状況報告書

年　　月　　日

○年○月○日から○年○月○日まで以下のように療養したので報告します。

1. 通院中の医療機関と通院間隔
1) 医療機関名　（　　　　　　　　　　　　　　　　　）
2) 通院間隔
□ 1週間ごと　　　□ 2週間ごと　　　□ 3週間ごと　　　□ 4週間ごと
□ その他　（　　　　　　）日ごと　　　□ 通院中止　（　　月　　　日から）
3) 内服の有無
□ 内服あり　　　　□ 内服なし

2. 主治医から職場復帰の日程についての打診の有無
□ なし　　　　　　□ あり　　およそ（　　　　）カ月後

3. 自覚症状の改善程度

4. 生活記録表の記載　　複数チェック可能です
□ なし　　　　　□ あり　　　　　□ 生活記録表が手元にない

5. 現時点で不安なこと
□ 症状の改善が不十分であること　□ 経済的な不安　□ 職場復帰先の不安
□ その他　（　　　　　　　　　　　　　　　　　　　　　　　）

社員氏名

注) 該当箇所にチェックもしくは下線を引いてください。

方法といえましょう。

その報告の有無・内容によっては、会社側としても直接、状況を確認したい場合も生じますが、これについては、産業保健スタッフか人事等が確認をする形が望ましいものと思われます。

前記の質問ですが、会社自体が報告を求めることは当然に許容されますが、休職に入る際に、あらかじめ本人と報告のルールにつき、確認していなかった点に難があります。改めて、休職者本人と面談し、会社として治療状況を把握することが、休職および復職可否判断において極めて重要であること、および報告方法については原則、定型用紙によるものとし、治療に支障をもたらすものではないこと等を説明し、本人から理解を得るべきです。

Q05 病気か怠けかの区別 不適切な療養行動

メンタル不調者の言動をみていると、病気というより怠けのようにみえることもあります。病気と怠けの区別はつきますか？

回答 メンタル不調あるいは人間の心理という複雑でダイナミックな領域では「病気か怠けか？」という二分思考は問題解決に役立ちません。ここでは不適切な療養行動という概念を説明します。

1 不適切な療養行動

そもそも休職制度は労務提供を免除されるかわりに、治療に専念し円滑な職場復帰をめざすことを目的としています。メンタル不調者、特に3つの個体側要因が強い人では、**図表4-3**に見られるような、この目的と

図表4-3　不適切な療養行動

アルコール：過度な飲酒
ギャンブル：FX、ネット株取引を含む
浪費　　　：ネットオークション、ネット通販
SNS投稿　：LINE、ツイッター、フェイスブック
その他　　：海外旅行、免許・資格取得

矛盾

● 治療に専念するよう
　勧奨指導
● 主治医に情報提供

療養の目的
労務提供義務はないが
治療に専念し円滑な職場復帰をめざす

は矛盾する行動が見られます。法的な枠組みからは、これらの行動を控える、あるいは禁止し治療に専念するよう勧奨指導するのは問題ありません。

　医学的な観点でいうと、飲酒、ギャンブル、浪費などは依存性のある不適切な行動で、仕事という社会生活から遮断され人生のむなしさや寂しさに耐えられない人が容易にはまり込むものです。

　一部の医師は患者に十分な問診をせず、これらの行動を把握していない場合や、「気晴らしになるなら、適切な範囲で行いましょう」と容認することもあるので、必要に応じて主治医に情報提供を行うとよいでしょう（107ページ）。

1）飲酒

　アルコールは量が増えると睡眠の質を悪化させたり、薬の副作用を強くさせたりするので治療の妨げになります。メンタル不調の治療原則の一つは禁酒です。ところが、アルコール摂取の状況については主治医がきちんと問診していない場合も少なくないので、晩酌の習慣がある人については、産業医を通じて主治医に情報提供をすべきです。

復職と休職の繰り返しがあるうつ病で、大酒家の場合はアルコール依存症[4][5]が病気の本体で、うつ病は誤診という可能性もあります。アルコールの専門の医療機関で断酒や節酒をすることで改善がみられることもあります。場合によっては産業医と連携し、別の医師にセカンドオピニオンを求めることも必要になります。

2) ギャンブル

パチンコや競輪競馬ばかりがギャンブルではなく、投資という名目でFXや株、仮想通貨取引を行う不調者もいます。投資はスマートフォン一つでどこでも実行可能で、深夜未明にも取引があるため夜更かしとなるリスクがあります。

3) 浪費

メンタル不調に買い物依存が合併することもあります。これもまた、スマートフォンの普及により起こりやすくなりました。またネットオークションについては「競り落とす快感」が強く、ギャンブル的な性質も持っています。

4) SNS投稿

家族間でのLINEのやりとりは別にして、ツイッター、フェイスブックなどに投稿を繰り返すことは、労力の消費であり治療に専念しているとはいえません。職場への批判を書くケースもしばしばあり、法人の情報漏洩ともいえるので、原則禁止すべきでしょう。

4）アルコール依存症の症状として、不眠症やうつ状態があります。
5）一部の精神科医は、アルコール好きなメンタル不調者に対し寛容です。

5) その他

　海外旅行や免許・資格取得のための通学なども控えるよう指導すべきですが、このような活動が可能というのはメンタル不調が改善したことに他ならないため、産業医の面接を勧奨するなど職場復帰を促すのもよいでしょう。

2	病気休暇制度の運用ルールの悪用

　人事総務担当がしばしば「怠けではないか？」と考える行動として少なくないのが、病気休暇制度の運用ルールの悪用です。これへの対処法はQ13に記しました。

3	人事総務の用語で考える

　読者が、「これは怠けではないの？」と感じたら、人事総務の用語と概念で考えてみると、問題解決に結びつきます。私傷病休職制度の趣旨に反する不適切な療養行動ではないか、不適切な運用ではないか、あるいは労働者の義務違反（規則違反）ではないか、と考えて、例によって書面での勧奨指導を行い、主治医に情報提供をしましょう（**図表4-4**）。

Q06
職場ストレスの乏しい発病

　私の職場では、職場ストレスはあまりないのに発病した事例があるのですが、なぜでしょうか？

回答 心の不調は職場のストレスだけが原因ではありません。

図表4-4　人事総務の用語で考える

と思ったら

> **人事総務の用語で考えよう**
> ● 不適切な療養行動ではないのか？
> ● 私傷病休職制度の不適切な運用（悪用）ではないのか？
> ● 病気だとしても規則違反ではないのか？

　職場ストレス（業務上の要因）が乏しくても、以下のような要素が強ければ、業務上のストレスが少なくても発病する可能性があります。

1	3つの個体側要因がある

　第2章で述べたような3要因、特にマネ下手系であるとローパフォーマンスとなり上司や周囲からの注意・叱責や批判が増えます。愛憎系と指示待ち系の社員はチームワークが苦手で、仕事とストレスを抱え込み、発病しがちになります。

2	発病しやすい体質がある

　統合失調症や双極性障害は体質的な個体側要因（第2章1節）が強く、ストレスはあまり関係しません。しかし、労働災害の認定に関しては、負荷が個体側要因を上回れば業務上と判断されます。
　ちなみに業務外と判断されうる強い個体側要因としては、1）重度の

アルコール依存症と 2) 採用前に発病したことが明らかな統合失調症の
2 つに過ぎないと言われています。

| 3 | 外傷や老化 |

　事故で頭部外傷を受けると、時に高次脳機能障害になり、記憶力が低
下します。また、脳梗塞や若年性アルツハイマー症になれば、記憶力や
判断力が低下し、メンタル不調になりやすくなります。

| 4 | 口外できない家族問題がある |

　子どもの教育問題、夫婦の不倫、依存症、DV、ギャンブルなどはよ
くある私的なストレスです。このようなストレスはよほど切羽詰まって
いない限り、上司や人事担当者には打ち明けません。

Q07 腫れ物に触るような態度について

人事総務の初心者です。以下の 2 つのケースで悩んでいます。

模擬事例 1　就労中のスマートフォンの私的使用

　おそらく新型うつ病と思われる係長が半年間の休職のあと復職しま
した。1 ヵ月後の様子では、出勤率は比較的良好ですが、同僚の話で
は就労中に机の下でスマートフォンによるネット株取引をしているの
です。いったん席をはずすと 30 分は戻らず、どうもトイレでスマホ
を操作しているらしい。問題は上司の課長で、係長に対し腫れ物に触
るような態度で、一向に注意しません。

模擬事例2　診断書を振りかざし特別扱いを求める

　採用直後から週に2〜3回、10分から30分前後の遅刻を繰り返す新人がいました。無断遅刻の場合もあれば、メール連絡のことも。管理監督者は様子を見ていましたが、周囲から不満が出たため、出勤時間を守るよう口頭で軽く注意をしました。

　ところが2週間後、「不眠症で通院中、朝の起床が困難」との診断書が提出されました。挙げ句の果て、本人は「不眠症のために寝付く時間が遅くなるから朝、起きられない。病気なので職場は配慮してほしい」と特別扱いを求めたのです。この管理監督者は当惑し、その後は新人に腫れ物に触るような感じで接することになり、職場の士気はさらに落ちています。

回答　雇用上の労働者の義務違反については、きちんと注意すべきことを再三述べてきました。ここでは法的立場とは別の、医学的視点から放置のリスクを解説します。

---

1 ｜ メンタル不調は枠組みからの逸脱

　そもそも気分障害、不安障害など、病名における「障害」という用語は、英語の DISORDER の和訳です。DISORDER の和訳には、心身の不調、病気だけでなく無秩序、混乱、（社会的・政治的な）不穏、騒動などが含まれます。メンタルヘルス対応は決して綺麗ごとでは済まされません。

　メンタル不調の本質の一つは、正常な判断力の喪失によって起こる枠組みからの逸脱とみなせます。枠組みというのは規律と秩序で、生物、心理、労働の領域に様々なものが存在します。死にたいと思い、それを企てることは、生存本能という生物の行動原理からの逸脱です（**図表4-5**）。

　この枠組みからの逸脱という思考法が不調者への対処に役立ちます。

図表4-5　メンタル不調の本質　枠組みからの逸脱

枠組み　　　　　　　　　　　　　　　　　　　逸脱

生物学的な枠組み：生存本能、睡眠リズム

心理学的な枠組み：通常の心理的な反応
　　　　　　　　　　成功すれば嬉しい、
　　　　　　　　　　失敗すれば悔しい、悲しい

労働的な枠組み：法、規則、契約や職場慣行

　生活記録表（92ページ）で、起床時間の変動があるのは睡眠リズム（体内時計）という規則性からの逸脱でしょう。そして、就労中の長時間のスマホの使用は雇用上の義務という法的な逸脱、さらには療養中の過量飲酒は、薬理学の原則ならびに医師による療養指導という医療契約上の義務からの逸脱、そして社会規範からの逸脱というように考えます。

　したがってメンタル不調者への対応、すなわち治療、悪化の未然防止、復職と職場への適応支援などあらゆる対応の原則は、枠組みから逸脱した不調者に枠組みを示し、枠内に戻すことです。

2 ｜ 放任・容認はリスクを増大させる

　つまり、心の不調や障害を抱えた人に対しては枠組み（法や規則、社会習慣、生活規律）を明確にして遵守させることが支援の原則となり、これはまさに人材管理です。腫れ物に触るような接し方は子育てにおける放任と同様で、虐待と同じ結果をもたらします。以下に模擬事例を示します。

模擬事例　放任と自殺

〈一部上場企業、商社〉

　30歳代の女性で、メンタル不調により通院中という噂がありました。ある時期から、無言で同僚の顔を10秒以上も覗き込むという奇矯な行動が始まりました。同僚たちは怯え、不快に感じたものの、通院中との噂であるから我慢をしていました。

　同様に管理監督者も人事担当者も、この社員の奇矯な行動を放任。産業医にもそのことは伝えましたが、管理監督者は、この社員に対し産業医面談を命じなかったようです。

　1年半後、この社員は自殺しました。走り書きのメモのような遺書に、「色々なストレスで苦しんでいたのに、会社から見放されたので死ぬ」という文言がありました。

　後に判明したことですが、精神科への通院は奇矯な行動が始まる前に中断し、その後の受診はなかったのです。
　この社員に対し、顔を覗き込むことを迷惑行為とみなし、職場秩序遵守義務違反として勧奨指導していれば治療につながり、自殺は起こらなかった可能性もあります。

3	無断欠勤と自己破壊的行為

　無断欠勤は明らかに不利な行動といえます。この勧奨指導に従わない場合、正常な判断力を失って「労務に耐えられない状態」と考えるのは当然です。しかし、この繰り返しは社会人として自滅的（自己破壊的）行為ですから、単純なメンタル不調ではなく衝動性の強いメンタル不調が隠れている可能性があります。ちなみに、自己破壊的行為とは危険で無謀な行為をさし、衝動性をともない自殺の危険が高い状態を示します。

具体例：アルコールの一気飲み、重い身体疾患でありながら、重要な薬の服用を中断する、自動車運転での危険行為など。

Q08 集中力が低下している場合の対応

　復職後、勤怠はそこそこですが、集中力に欠ける社員がいます。ボーッとしているだけでなく、時々居眠りもあるのですが、安定剤の副作用なのでしょうか？　どう対応すれば良いのでしょう？

　[回答]　集中力の低下は居眠りのほかに、トイレに行くことでの離席時間が長い、私的なパソコン使用（ネットサーフィン、無駄なソフトのダウンロード）、私的と思われる頻繁なスマートフォン使用などがあります。以上を雇用上の義務で言えば、職務専念義務違反です。

　ただし、居眠りがひどい場合は睡眠時無呼吸症候群の場合がしばしばあります。この病気はメンタル不調に非常に似ていて、うつ病などと誤診される場合もあり、CPAP療法（保険がきく）が非常に有効なので、一度はイビキの有無を聞いてみましょう。

1 ｜ 居眠り、ボーっとしている場合

　質問のように薬の副作用であることも少なくないのですが、この場合は、ジコイタ法（125ページ）に基づき、次回受診の時に、主治医に対して「上司から集中力に欠けると指摘された」と伝えるよう勧奨指導します。次回受診が3週間を超える場合は、繰り上げ受診を勧めましょう。

2 | パフォーマンスの著しい低下

　居眠りや離席時以外には、それなりに仕事ができているケースは以上の対応でよいです。しかし、1日を含めてパフォーマンス（能率、処理速度）の低下が著しく、ほとんど成果がない場合は以下の可能性があるため、人事担当者は上司や産業医と協議します。

1）メンタル不調の再発や悪化

　週単位で悪化する場合は、メンタル不調の再発や悪化の場合があり、繰り上げ受診が必要です。可能ならば産業医に、その旨を主治医に連絡してもらいましょう。

2）若年性認知症

　高齢社員ではメンタル不調を発病する前から若年性認知症になっていた可能性もあります。療養前から、ここ1〜2年で仕事ができなくなったという情報が得られ、半年から年単位で悪化します。

3）発達障害

　管理監督者にたずねると発病前からパフォーマンスが著しく低かったという場合は、この可能性があり、新人時代の管理監督者にたずねると、入社以来仕事ができない、ということが判明します。

Q09 どこに異動しても 敵を作る社員について

　どこに異動しても敵を作る社員がいますが、どうしてそうなるのでしょう？

回答　要するに愛憎系の社員です。

　個体側要因として愛憎系（第2章5節）があると、不調の有無にかかわらず敵認定が起こります。

模擬事例　敵味方の二分思考　愛憎系の典型

特徴：敵味方と露骨には言わないものの、以下のような人物評価が典型例です。

　先輩のAさんは私を理解してくれる（味方である＝好きな）人だけれど、先輩のBさんは私のことをわかってくれない（敵である、嫌いな）人です。話し方や態度がきつくて、とてもストレスです。Bさんとは一緒に働きたくないので、Bさんを異動させてください。

　人間関係を敵味方で二分するクセのついた社員がいます。率直に言って、女性社員の比率が高いように思えます。また、敵と認識する相手も同性が多いです。たいていは先輩女性社員からパワハラ被害を受けたという主張をすることが多いのですが、逆に後輩や新人社員を敵視する場合はパワハラの行為者となる場合もあります。

　男性の場合も特定の男性社員を敵視、ライバル視することがほとんどですが、職場トラブルになるケースは少ないようです。

　女性社員が特定の女性社員を敵視する場合、男性の上司を「味方」に

つけようと振舞うので、管理監督者はこのような巻き込まれに注意すべきです。

1 | 愛憎系では対人関係が不安定に

　他人をどのように見るか、認識するかはストレス・メンタルヘルスに直結します。たとえば、読者が自分の同僚や上司について考える場合、長所（好きな面）や短所（嫌いな面）、あるいはその中間の側面が思い浮かぶはずです。自分にとって良いも悪いもその他も、ひっくるめた全体を、同僚や上司として認識します。

　ところが模擬事例のように、「話し方」や「態度」という部分にしか目がいかず、敵味方、好きな人・嫌いな人と二分します。興味深いのは、味方のはずのＡさんが、何かのはずみで当該社員にとって不本意な発言をすると、「Ａ先輩に裏切られた、傷つけられた」といとも簡単に味方から敵へとジャンプすることです。

　すなわち敵味方に二分する考えの社員は男女を問わず安定した人間関係を築けず、ストレス耐性が非常に低く、メンタル不調になりやすいのです。

2 | ロックオンした人を操作する

　このような敵味方の二分思考をする人は、他人を操作して味方を作ろう[6]とします。

---

[6] 品のない表現をすれば、そういう社員はいわゆる「相談男」「相談女」で、管理監督者の同情を買い、相手を巧みに操作します。その極端なものが自己愛性パーソナリティー障害（2章5節）で、男女関係が不安定で次々に交際相手が変わる場合もあります。相手に尽くしたいという人柄の社員がロックオンされやすいといえます。

3 | 対策

1) できることとできないことがあると理解させる

　種々の要求が出ても職場は働く場所なので、できることと、できないことがあることを明らかにします（模擬事例ではBさんの異動はできない：あなたには人事権はありません）。

2) 組み合わせの工夫

　とはいえ、勧奨指導で改善することは困難ですから、仕事のグループ編成を工夫し、面倒見の良い先輩や監督者との組み合わせも検討します。

3) カウンセリング

　本人に「自分は変わりたい」という気持ちがある場合、カウンセリングが有効です。

4) 勧奨指導の合理的配慮

　管理監督者の社会的な役割が理解できず、「個人攻撃を受けた」となりがちなので、ジコイタ法におけるコ：根拠の解説がポイントで、「あなたらしくない」「もったいない」という承認欲求を満たす表現形式が有効と思われます。

5) 勧奨指導の場、人数

　男女を問わず愛憎系の社員に対して、密室での勧奨指導はモラハラとみなされやすいです。場合によってはオープンなスペースが必要なこともあります。

　また、自己愛性パーソナリティー障害が疑われる社員の場合、異性の

管理監督者による１対１の勧奨指導ではセクハラとみなされるだけでなく、操作されることもあり得るので、担当者は男女１組にすることも検討すべきです。

Q10 不調者からの電話対応での話し方

模擬事例　同期からの電話対応

　私は人事の仕事を２年近くやっていますが、ある晩、メンタル不調で休職中の同期から電話がかかってきて、あれこれと打ち明けられました。長く休んでいて昼夜逆転気味で困っている。今の部署から異動したいなどなど。旧友であり、話はじっくり聞きましたが、彼の部署は私と全く違いますので、うかつな発言はできないため、「申しわけないが、自分は医師ではないから、主治医によく相談すべき。仕事関係の話は所属長や管轄の人事担当者に相談しよう」と言ってしまいました。同期は不満そうでしたが、これで良かったのでしょうか？

回答　それで OK です。

　法的にいっても、同期に対して安全配慮義務を担うのは直属上司の管理者、管轄の人事総務担当ですから、質問者が責任を負う必要はありません。同期と主治医との関係は治療契約下にあるため、アドバイスはしない方がいいでしょう。しいて言えば、主治医に話したいことを箇条書きにして、それを読み上げることぐらいでしょう。

　自宅療養中の社員は孤独であるため、電話や LINE などでその穴埋めをしようとしがちです。これは新型うつ病に当てはまりやすく、古典的なうつ病では意欲の低下のため、長電話は無理です。また相手の依存心を満たすと、ますます依存してくるので要注意です。

Q11 異動したくない部署などがある社員への対応

模擬事例　その課は嫌いだ

　私の担当している休職者は、上司との折り合いが悪く異動を検討しており、2カ所ほど本人に打診をしていました。ところが、意外なことに、「その2つの課は嫌だ」と答えたのです。人事権は使用者にあり、現上司との関係に配慮しているのにわがままではないか、と正直私は腹を立てました。さらに「不調者の異動希望を叶えるのが使用者の安全配慮義務のはずだ」と主張するのです。新型うつ病と思われますが、どう考えたらよいのでしょう？

回答　なぜその課に異動したくないのか、じっくり聞いてみましょう。

　頻繁に遭遇するケースと思われますが、メンタル不調対策として異動をもっぱらとする会社ほど、この問題が頻発します。主として愛憎系の不調者は、異動を要求します。それを容認し異動してもうまくいかない場合も少なくありません。

　第3章5節で書いたように、職場復帰に際しての異動は慎重に検討すべきです。さらに異動自体がメンタル不調（適応障害）の原因になる場合もあります。ちなみに精神障害の労災認定基準の項目21に、配置転換があったという項目があり、その心理的負荷は中等度となっています。

　最終的に異動させるにしても相手に十分に言い訳をさせるのです。これは甘やかしではなく心理学的には個体側要因についての分析になるからです。すなわち異動が嫌な理由について、人間関係なのか業務内容なのか、たずねます。

1. 人間関係だとすれば、愛憎系や指示待ち系で、対人関係の構築が苦手なのかもしれません。
2. 業務内容に不安を述べたら、マネ下手系かもしれません。

　不調者にぴったりの理想の職場はありませんから、意見を聞きつつ、管理監督者に配慮を求めましょう。

Q12 不調者がいることによる士気の低下について

模擬事例　愚痴と不満、不調の連鎖

　人事総務担当の私が担当している課では、不調者が職場復帰した後に周囲の不満や士気の低下がみられます。不調者本人は月に2～3回、当日朝の連絡による欠勤があります。たまたま昼休みの食堂で「私も体調不良で1カ月ぐらい休みたい。人事考課落ちても良いから」「病気になって初めて有給がとれるのは変だろ。病気にならないように有給でリフレッシュするのが筋だろ」「働き方改革は口先だけか！」などの愚痴が聞こえてきました。

　あるいは「不調者のフォローのために長時間労働になって、不眠症になった社員もいる」という声も聞きました。どう考え、どう対処したら良いのでしょう。

回答　士気の低下の防止には、メンタル不調それ自体を未然防止するのと同じ対策が必要です。士気の低下の多くは、もともとそれが水面化にあり、休職者の出現で顕在化すると考えたほうが良いでしょう（**図表4-6**）。第2章で示したように、現代の職場は減短高並の高ストレスにより、そもそも初めから士気が低下しています。

図表4-6　士気の低下

水面下

士気の低下

表面化

異動希望
離職
モラハラ

士気低下の本質 ➡ 人材管理不足
過重労働・コミュニケーション不足
サポート人材への配慮不足

高ストレス職場　メンタル不調の背景そのもの

　そこへ不調者が出てはじめて人事担当者などが当該職場に注目し、士気の低下を認識することになります。もちろん不調者の出現後は、より酷くなります。士気の低下で起こりやすいのは、愚痴や不満、社員の異動希望、非正規社員の離職などです。士気の低下の本質は忠誠心の低下で、その対策としては残業時間を少しでも減らし、報連相を強化すること、管理監督者が業務の計画性、チームの協調性を高めるという、いわば総力戦です。これらを日常的にやっている部署もあり、そこでは相対的に不調者は少ないのが普通です。

　食堂など非公式な場での愚痴はあって当然です。さらにメンタル不調による長期休職者が出れば、その穴埋めを誰かがしなければなりません。また復職直後は週休3日的な不安定な就労ですから、周囲に負担がかかります。

　復職支援の御旗のもと、健康な社員は不調者のサポートを引き受けざるを得ません。出勤が1時間遅れようが、突然欠勤しようが、病気であるから受け入れねばなりません。でも人の口には戸は立てられません。

聖人君子でないかぎり、愚痴をこぼすことがストレス解消になることも否定できません。そして次のようなリスクが生じます。

1 │ サポート要員は高ストレス

　特に不調者のサポートをする社員は大きな負担をこうむるのですが、自分の仕事に手一杯の管理者は「社員は自発的に助け合うべき」という無頓着な場合も多いので、放置していれば不満と怒りが高まり、時に不眠症などの不調予備軍となります。サポート要員はストレスチェックの後など、産業医の面接に応募し、愚痴と不満を目一杯、話すこともしばしばです。

模擬事例　ストレスチェックにおける高ストレス者の医師面接で

　ストレスチェックで高ストレスと判定され、面接指導を申し出た関西地方の某市役所の女性正職員は女性支援課に勤務し、8歳の娘さんと二人暮しのシングルマザー。症状としては不眠と疲労感がありました。

　その課は、課長以外はすべて女性で、頻回に欠勤・早退するメンタル不調者と、育児のために短時間勤務をする職員が各1名、仕事をまだ覚えていない嘱託職員が2名いるという、実にマンパワー不足の職場。以下は彼女の発言です。

　「不調者は自由に休めて羨ましい。課長も気をつかっているし。それから手のかかる小さな子どもをもつ職員もいるから、残業のほとんどは自分に回ってきます。自分も産休明けの経験から、彼女たちに不満は言えません」

　「でも、ここ2カ月の残業は月70時間以上でした。私にも子どもがいて相手をしてやりたい。でも疲れきってしまい、夏休みは日帰り旅行にすら連れて行ってやれなかったのです」

「課長は私が残業をするのは仕方がないという態度で『すまないね』とは言うけれど口先だけで、何もしてくれない。正直、仕事を辞めたいけれど、母子家庭だから辞められない」

「先生、女性支援課って何の皮肉でしょうか？」「課長には期待していません。医師面接に来たのは、せめて人事課にはこの実態を知ってもらいたかったからです[7]」

2 | 離職のリスク

　幸い、この模擬事例では人事課による適切な対処がなされましたが、非常勤職員なら離職のリスクが高かったと思われます。従って、人事担当者は産業医と情報共有をし、管理監督者にしっかり情報提供する必要があります。さらにサポート要員には格別の配慮をすべきです。

3 | 不調の悪循環と連鎖

　しかし、不調者への愚痴にとどまらず、仕事の大変さを繰り返し訴える場合は、士気の低下に加えてかなりの高ストレスがあります。中には明らかな不眠症を訴える場合もあり、速やかな対応が必要です。**図表4-7** のような連鎖反応が起こることもしばしばあります。

4 | 念のための当該組織のチェック

　つまり、不調者の出現はもともとあった職場のストレスを加速させる

---

7) 筆者の経験ではストレスチェックにおける、医師面接指導への応募動機のおよそ70％は、上司や事業所への不満や怒りでした。驚くべきことに全体の2～3％は「いざという時（労災申請や損害賠償請求）のための、証拠づくり」と明言していました。

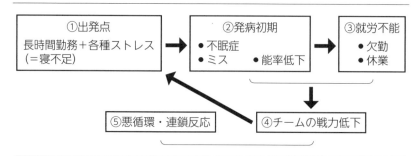

こういう負の連鎖にハマっても、当の管理監督者は気付かない
人事労務管理者もしくはさらに上の管理職が指摘すべき

ので、第1章1節で述べたメンタルヘルス氷山の三角をチェックします。ミス・トラブル、不調の連鎖、非正規社員の定着不良のようなモラール低下などです。さらに、当該部署での過重労働とモラハラのチェック、すなわち労務災害リスクを点検しましょう。

Q13　病気休暇制度を悪用する社員への対処

　私の会社では休職の前に、90日間の病気休暇という制度があり、給与が全額保証される恵まれたものです。もちろん本制度の使用で人事考課には影響があります。ところで本制度は連続して8日の欠勤で適用となるため、7日欠勤しては労務提供できない状態で形式的に1日出社することで制度適用を免れようとする社員がいて、何とこれを半年以上も繰り返していました。どう対応すべきでしょう？

回答　残念ながら長期間における管理者の不適切な対応（放任、許容）

の結果といえます。それはさておき、このような計画的な行動を拒む手順は以下の通りです。

病気休暇制度の適用ルールを悪用する社員への対処法

7日欠勤して労務提供なしえない状態で1日出社することを繰り返しているにもかかわらず、欠勤が連続8日間ではないことをもって、病気休暇を適用しないことの問題への対応およびその根拠は以下のとおりです。

対応：この、7日欠勤が繰り返されている状況での1日出勤は、実際、職場にいてもボーっとしているなど、客観的に見て仕事をしているとは言えない状態であることが多いと思われます。そのような場合、出勤してきた日も、無理をさせずに帰宅させ、主治医との三者面談を求める。あるいは産業医との面談を命じ、その結果（これらの面談に応じないことも含む）によっては休職を命じるという対応が必要だと思われます。

法的根拠：労働者にとっては、8日に1日しか出勤できないという状況が、すでに債務の本旨に従った履行の提供ができているか多大な疑問がある状態（※）であるため。

※使用者としても、7日連続して休まざるを得ない社員をわざわざ1日就労させ、休職に向けた対応をとらないことは、安全配慮義務違反となる可能性がある。

以下は産業医学的見解です。

病欠が何日あっても、医師による労務不能の診断書がないと、休職を発令しない人事担当者がいますが、これは誤りです。社員が出勤すべき連続した20日間で病欠が合計5日以上ある場合、使用者は安全配慮義務上、休職などを発令してもかまわないでしょう。

類似質問　種々の身体病で休職を繰り返す

あまり重症とは思えない色々な身体の病気、症状で休職を繰り返し、休職制度を悪用している社員がいて困惑しています。具体的には①腰椎ヘルニアで6カ月間休職し1カ月間就労したものの、②自律神経失調症で7カ月間休職し1カ月間の就労後、③胃潰瘍の病名により現時点で3カ月間の休職中です。

3つの病気の治療は違う主治医でそれぞれ整形外科、内科、消化器内科で皆クリニック（個人開業医）です。今どき、胃潰瘍で労務不能とはおかしいし、自律神経失調症はメンタル不調とも思えるので、心療内科の受診を命じましたが、「自分はメンタル不調ではない」と主張します。1年半で2カ月しか就労できておらず、胃潰瘍の復帰診断書が出ても、また別の病名での休職が予想されるのですが、どうしたらよいのでしょう。

回答　メンタル不調社員の復職に際して、問題となることが多いのが本質問のような同一ないし類似疾患発症による再休職申請への対応です。多くの企業では、復職後の再発に対し、以下のような規定を設けて、同種疾患が再発した場合には休職期間を通算する旨定めています。

●条　休職後に復職した社員について、復職後6カ月以内に同一ないし類似の疾病による欠勤が1カ月以上継続した場合、または欠勤を繰り返すなどして勤務に堪えないと判断される場合、会社はその社員に対し休職を命じることができる。その場合における休職期間は復職前の休職期間の残日数（ただし、残日数が30日に満たないときは30日）とする。

問題は質問のケースが「同一ないし類似の疾病」に該当するか否かです。同判断はまさに医学的診断を要するものであり、産業医または産業医から紹介を受けた専門医を中心に、本人の主治医等に適切な照会を行いながら、判断を進める必要があります。そのうえで、前記疾患がいず

れも「同一ないし類似の疾病」に当たると認められた場合には、休職期間を通算し、その後の対応策を講じることが可能となります。

　なお最近の裁判例（X市病院事件　千葉地判 2017（平成 29）年 12 月8 日労経速 2340 号 11 頁以下）においても、「自律神経失調症、不眠症」と「抑うつ反応」が「同一傷病」にあたるか否かが争われましたが、判決ではいずれもメンタルヘルスに係る疾患であり、かつ発病の近接性も考慮して、「『同一疾病』に当たると判断したことに不合理な点はない」としました。

Q14 自己都合退職をどう評価するか

模擬事例　自己都合退職となり担当者として負い目を感じる

　複数の人事担当者が、ほぼ 2 年半にわたり支援したケースです。26歳の独身女性で、試し出勤だけではなく、リワークも試みました。ちなみにリワークは 2 カ月で断念し、結局、本人の意思もあり自己都合退職となりました。発病前は真面目で責任感の強い社員で、上手に復帰させられなかったという負い目を担当者は感じています。ちなみに労務災害とみなされるリスクはありません。どう考えればよいのでしょう。

回答　円満退職であるので人事担当者としては成功したと自己評価してよいでしょう。雇用契約における合意、不合意には原則として自由がありますから。一方、一部の産業医や保健師の中には円満退職を失敗とみなす人もいますが、専門職であろうがなかろうが、他人の人生をコントロールすることはできません。一方、自己都合退職を失敗とみなす産業保健スタッフには、若干の愛憎系の傾向があります。つまり、それを専

門職としての失敗とみなし、プライドが損なわれ、時に他責的になって陰で会社を批判することもあります。いわく「会社はわかっていない！」「この会社はおかしい！」などと。

人事担当者が産業保健スタッフと接するコツ

専門職にもマネ下手系、愛憎系そして指示待ち系がいますが、専門職だからこそタフを装っていて、それがわかりにくいのです。従って、どの産業保健スタッフに対しても、すでに述べたように「本当にありがとうございます」「頑張っていますね」と承認欲求を満たすことがコツです。

---

1 | 職業性アイデンティティー問題に注意

　メンタル不調による自己都合退職後に、良好な職業人生を送る人は少なくありません。第1章2節で述べた職業性アイデンティティー問題が関係する人（特に指示待ち系）に当てはまります。これによる不調は実に深刻です。本質は職業選択のミスマッチで転職すれば解決するのに、現象としては非常に長引く「メンタル不調」で長期間にわたり多数の薬物が処方されたりして、「薬害うつ」「引きこもり」にもなりかねません。従って、管理者や人事担当者は若手の不調者に対して、「今の職業に満足している？　本当にやりたい仕事はないのですか？」と一度は聞くことが大切です。

　次は転職成功例です。

模擬事例　設計技師からブティック店長に

26歳女性。工学系の院卒者で大手電機製造業の設計部門に勤務し2年目に発病した人です。内科外来で診療していた筆者は精神科に紹介しました。彼女は風邪などで時々、筆者の外来を受診していました

が、2年ほど顔を見なくなりました。その後、久しぶりに風邪で受診したので、最近の状況を聞いてみると、とても元気そうに（風邪での受診ですが）、会社は退職し、今はブティックの店長をしていると生き生きと語りました。

2	休職中の退職意向表明への対処

　当該意向表明への対処としては、休職社員本人の疾病・治療状況の把握・確認が不可欠です。休職に入って間もない場合や、休職中の治療に支障が生じており、症状増悪が認められる場合などは、休職社員本人からいかに退職に係る意思表示があったとしても、後日、本人なり家族から、当該意思表示時点で同人は心身耗弱等にあり、当該退職は無効等との主張がなされる可能性があります。

　このため、同表明があった場合も、まずは産業医からの助言を得ながら、本人の回復状況を確認すべきです。その上で、本人のメンタル不調が概ね寛解状況にあり、退職に係る意思確認を十分になしえた場合は、退職手続きを進めても差し支えありません[8]。

---

[8]　一部の主治医は契約関係にある患者の利益を守ろうとするあまり、判断力が回復した患者でも、その退職の意向を機械的に否定します。筆者の産業医としての経験では、主治医が本人の退職意向を否定しつづけたため、通院治療を中断した例もあります。また、筆者自身も産業医として、退職の意向を再検討するよう伝えたところ、その社員から怒りの言葉が出てしまいました。

Q15 死にたいという 言葉が出た時の対応

模擬事例　死にたい、でもこのことは誰にも伝えないで

　以前、人事担当者として、メンタル不調と思われた社員と面談したところ、「死にたい気持ちが強い」と告白されました。さらに「このことは上司や家族にも絶対に伝えないで！」とも言われました。メンタルクリニックの受診を強く勧め、結果的には休職後、職場復帰しましたが、当時は不安でたまりませんでした。プライバシーと安全配慮義務の関係はどうなりますか？

---

1 ｜ 緊急事態ではプライバシーは二の次

回答 安全配慮義務はプライバシーより優先される使用者の債務です。

図表4-8　安全配慮義務は個人情報保護に優先

死にたいと言われたら

1. 守秘義務解除

2. 受診命令（繰り上げ受診命令）

3. 家族・上司の付き添い受診

安全配慮義務 ＞ 個人情報保護
命　　　　　＞ プライバシー

死にたい気持ち（希死念慮）の表明のような緊急事態では、本人の承諾がなくても、上司や家族に連絡をするのは当然です。まして自殺の具体的な計画があった、直前に未遂歴があった（○○したが死にきれなかった）などの場合は、いかに本人が「口外しないで！」と言っても、ただちに上司・家族に連絡すべきです（**図表 4-8**）。

2 ｜ プライバシーを過剰に重視する人

「自殺の危機に際しては、プライバシーなど二の次」という自明のことが、ただちに理解できない人もいます。それはメンツや世間体が先に立って、自殺の危機という条件下でプライバシーより生命重視という優先順位がつけられない人です。

　メンタルヘルスという複雑で年々変転する事象については、一般論ではなく、具体的な条件下で類推を行い、優先順位をつけて問題解決し、意思決定するという論理的思考が重要です。

3 ｜ 仮に訴えられても

　自殺の危険が回避された後、仮に当該社員より個人情報保護法違反として訴えられたとしても、せいぜい賠償です。しかし自殺が既遂され、遺族が「なぜ職場は教えてくれなかった！」という訴訟になれば、お金ですまない社会的責任・道義的責任を追及されて使用者の損失は遥かに大きく[9]なります。

---

[9] いうまでもなく緊急ではない情報を上司や家族へ開示するのは問題です。緊急事態ではなく、たとえば不眠症のため通院中となれば、この情報は健康情報となるため、本人の承諾なく開示するのは不適切といえます。

Q16 争訟を減らすために できることは何か

回答 微妙な質問ですが、医師の視点から説明してみます。

一般論でいえば国民のだれにも訴訟の権利があるため、争訟自体をなくすことは不可能です。しかし、それに負けない対応は可能と考えられます。以下がポイントと考えられます。

争訟を減らすためにできること

1. 争訟を恐れない
   争いを恐れ腫れ物に触るような放任は、今は良くても後々の争訟リスクを高める。

2. リスクが高いのは個体側要因が強いケース。特にマネ下手系プラス愛憎系で、これに労務災害の要素がある場合、係争を覚悟し、そうなる前に法律家の見解を聞き対処する。

3. 勧奨指導は合理的配慮（ジコイタ法　3章11節）で可能な限り書面を用いる。

4. 平素から社員の雇用上の義務について、自分自身が良く理解し、社員にわかりやすく伝える。

Q17 通勤時間の短い職場への 異動は必要か

長時間通勤者では復職時の通勤訓練や試し出勤はどうすればよいでし

ょうか？

回答 メンタル不調による休職から復職する社員については、円滑な復職を実現するために必要な配慮をなすことは当然に求められます。通勤時間については、往復3時間などあまりに長時間負担を要する場合、同人の生活時間とりわけ睡眠時間確保に悪影響が生じる恐れがあります。睡眠時間等を適切に確保しうる観点から、通勤に過度な負担を要しない職場への配転、復職時の試し出社先を選定することは極めて有意義です。

　他方で、配転候補先の職務内容・責任等が本人から見て新たに経験するものであり、十分な支援を提供しえない場合、これもまた復職時ないし試し出社先として不適当となりましょう。配転先等の受け入れ体制が十分であるか否かも重要な考慮要素となりえます。その結果、やはり長時間通勤を要する勤務先が最善の候補となる場合には、始業・終業時刻の一部見直しや所定労働時間管理に配慮しながら、対処する方法もありえます。

Q18 懲戒処分の時期について

　休職中に非違行為をした社員が近々職場復帰の予定です。その内容は著しい速度超過による交通違反で、就業規則上、停職、減給または戒告とする、となっています。とはいえ懲戒処分はストレスでしょうし、復帰後のいつ頃に行えばよいのか、教えてください。

回答 使用者が懲戒処分をなしうるのは、「責任能力」つまりは事理弁識能力を有する社員であり、メンタル疾患によって事理弁識能力を一時

的に失っていた社員に対する処分は認められません。本質問について
も、まず休職中に非違行為を行った時点で、同人が刑事責任を問いうる
健康状態にあったかが問題となります。これについて司法当局が捜査の
うえ、刑事責任を問い、有罪判決が確定している場合には、使用者とし
ても、当該非違行為に対し、秩序義務違反を理由とした懲戒処分を検討
しえます。

　そのうえで懲戒処分の時期が問題となりますが、そもそも「復帰時
点」は本人のメンタル不調が治癒ないし寛解し、かつ労務提供が可能な
状態にあることを前提としています。とすれば、復職時点で当該非違行
為に対し、懲戒処分をなすか否かを検討すべきといえましょう。また当
該非違行為に係る刑事責任の確定が復職後であれば、判明時点でただち
に懲戒処分を検討することが考えられます。

Q19 妥当とは思えない診断書について

妥当性を欠く診断書について

　人事担当者になって半年ですが、妥当性を欠く復帰診断書が少なく
ないことに気づきました。3回目の休職なのに、「〇月〇日から職場復
帰可能。ただし軽勤務から」という類いのものです。生活記録表（92
ページ）を書かせたら、起床時間がバラバラで午前6時もあれば午前
9時半も、という状態。しかも朝食後に二度寝もあって、どう考えて
も復帰は時期尚早と思えるのですが。

回答 だからこそ使用者の適切な判断が求められます。

　妥当性を欠く診断書は事業所にとっては腹の立つものですが、患者に
とっては都合の良いものです。105ページに示したように不調者を巡っ

ては2つの異なる契約があって、利害が異なって当然です。つまり主治医には治療契約上、患者の利益を守るという大義名分があります。

　露骨にいえば患者に嫌われて経営が悪化するのを恐れ、患者寄りの診断書を書くのです。また、産業医学のスキルに乏しい主治医では「軽勤務から」というあいまいな記載になります[10]。

　第3章4節で述べたように、不眠や憂うつなどの症状さえ取れてしまえば、生活リズムが崩れていようが、コミュニケーションに問題があろうが、患者から職場復帰を希望すれば復帰可能という診断書が出されることがしばしばです。一方、主治医の視点に立てば、医師の役目は症状を診ることまでで、職場復帰を支援することは職場の責任と考えます。つまり職場復帰支援は保健活動で健康保険が使えないから、主治医の義務ではないというものです。この視点はまさに正しく、リワークという制度が発展した根拠と考えられます。

　さらには再診の診察時間は数分という時間的制約も関係しましょう。腹が立っても現実は現実です。それよりも、主治医の診断書はあくまでも大まかな目安に過ぎず、休職事由の消滅の判断は使用者にある、という人事総務担当の原点に立って、生活記録表や問診による通勤訓練、試し出勤を実施します（第3章4節）。必要に応じて復帰を拒むという対応をすればよいのです。

---

[10]　最近は、「〇月〇日以降、職場復帰可能であるが、業務の軽減や調整は産業医の見解を参考にして下さい」という妥当な診断書を記載する気の利いた主治医もいます。

Q20
昇格と発病との関係

模擬事例　係長昇格後の適応障害

　係長になって３カ月後、メンタル不調になり休職した社員がいます。まじめで責任感が強く、管理者は「少しは課員に仕事を振ったら」と指導していました。幸い、２カ月弱の療養で復職し、管理者の配慮もあり何とかなっています。

　診断書の病名は適応障害となっており、昇格と発病との関係はあるのでしょうか？

回答　昔から「昇進うつ病」という概念がありました。

　家庭や職場において、自分の役割が大幅に変わると、それになじめず不調（多くは適応障害）になるのは人間にはよくあることです。適応障害にまでならなくとも、昇格後の半年間は軽い不眠になるというのは誰にでも起こりえます。

1 ｜ 「ケチな飲み屋サイン」でチェック

　一方、精神障害の労災認定基準の項目25に、「自分の昇進・昇格があった」というのがあり、その心理的負荷は中等度となっています。これに過重労働が加わると合わせ技で労務災害とされる可能性もあります。減短高並（要員減、短納期、高精度、同時並行）の職場では、管理監督者の責任が大きいため、管理者は昇進・昇格を不調のリスクとも考えて、最低半年は、「ケチな飲み屋サイン」（22ページ）を目安に観察すると良いでしょう。

2 | 適切な能力評価が未然防止に役立つ

　第2章で述べた個体側要因がある社員では、仕事を計画的に進めたり、チームワークを活用したりすることが苦手です。たとえば、模擬事例のように管理者が「もっと部下に仕事を振りなさい」と指導しても、それができずに発病することはしばしばあります。

　実は、「部下に仕事を振る」という行為は、業務管理の基本中の基本ですが、これができない人が少なくありません。

　部下に仕事を振るためには下記の能力が必要で、マネ下手系や愛憎系の傾向がある社員にはもともと苦手な作業です。まして煮詰まった状況にある社員に対して、管理者が声を掛けた程度で、この能力が突然身につくはずがありません。3種の個体側要因のチェック項目が多数当てはまる社員を昇格させると、適応障害になるリスクがとても高いといえます。社員の日常的な能力評価がメンタル不調の未然防止に極めて重要なのです。

部下に仕事を振る能力の成り立ち

1. 業務命令という自己主張が適切にできて、
2. 命じる仕事の難易度がきちんと評価でき、
3. 部下の処理能力を評価する能力があり、
4. 部下に対して適切な報告、連絡、相談を通じた点検ができるコミュニケーション能力がある。

Q21
奇矯な行動について

模擬事例1　本の積み上げ

　技術職の20歳代の男性で中途採用の社員です。

　3ヵ月前に採用され、無口で仕事ぶりはまずまずで勤怠も良好です。ところが執務机の縁の前と左右に、自宅から持参した書籍を壁のように積み上げています。文庫本などが落ちてくる恐れもあり、注意をしたいのですが、気が悪くて放置状態です。本の積み上げ以外の迷惑行動はありません。

回答　人事担当者や管理監督者が理解に苦しむ、社員の奇妙な言動への対応は、法的視点に加えて医学的視点が必要になります。

　発達障害のある人では視覚や聴覚などの感覚過敏、逆に感覚鈍麻のある人がいます。同僚が周囲を通り過ぎるだけでも集中力が低下したり、不快感が生じたりします。密閉、遮断された空間にいると安心できるので、本を積み上げるのはそのためかもしれません。法的視点として、まずは口頭と書面で書籍の積み上げを禁止するように伝えますが、同時に、どうしてそうしたいのか、本音を聞き出します。面談により以上のことが判明したら、人通りの少ない位置に席替えをするとか、書籍の代わりに適切な衝立てを置くという対応が良いでしょう。これ以外に就労上の問題がなければ、受診命令は不可欠とはいえません。

模擬事例2　パニックでロッカーに閉じこもり

　採用後半年で適応障害になり、1年ほど休職した20歳代の男性社員です。職場復帰後2ヵ月目ですが、精神的にパニックになると、大型

ロッカーに入って閉じこもってしまいます。どう考えればよいでしょうか。ちなみに勤怠も不良で、ルーチンワークの処理速度も遅いです。

回答 模擬事例1と同様に発達障害がメンタル不調の土台にあると考えられます。発達障害の人の一部では、脳が処理する情報量に限りがあって、それを超える事態で、言わばシステムがダウンするのです（**図表4-9**）。

1 | システムダウンの形式

怒りの発作、泣き出す、茫然自失で黙り込む、その場から逃げ出す、過呼吸発作を起こすなどがあります。トイレやロッカーに閉じこもるのは、その場から逃げ出し、安心できる空間で過ごしたいから取る行動です。

図表4-9　情報処理システムのダウンによるパニック行動

情報処理システムのダウンすなわちパニック
1. 怒りの発作、泣き出す
2. 茫然自失で黙り込む
3. トイレやロッカーに逃げ込む

1. 過剰な情報量
2. 困難な業務を命じられた
3. 予定通りに仕事が進まない

　ケース１同様に過剰な視覚、聴覚情報にさらされると起こりやすくなります。また、困難な業務を命じられた、予定通りにならない状況なども関係します。職場秩序遵守や職務専念の不具合が模擬事例１に比べて重いと考えられます。一応、書面で問題を指摘し改善を求めつつも、受診を強く命じます（この場合は繰り上げ受診）。

　本ケースでは通院中ですが、主治医にパニックになることが伝わっていない場合もあり、産業医を通じ、情報提供書（第３章８節）を郵送すべきでしょう。

Q22 人事担当者としての心得

　人事担当者になって半年です。正直、腹の立つことや、こんなふうな対応でよいのかと思うこともあります。特に、優秀だった社員が自己都合退職したケースをみて、忸怩たる思いを持ちました。また産業医が機能していない状態で、生死にも結び付きかねない対応を、医療に素人の自分が行うのは、空恐ろしいのです。まあ、割り切ってやっていますが。

回答　そのようにお感じになって当然で、それで良いのです。

　おっしゃる意味で人事担当者の業務は過酷であり、それを担っていることに、筆者は敬意を表します。

1 | できることには限りがある

71ページと136ページで述べた管理監督者の心構えは、人事担当者にもあてはまります。勧奨指導が通用しないのは障害のためで、自分や会社の努力不足のためではありません。自己都合退職、時には自死さえも、究極はその人の問題で、人間は他人の人生をコントロールできるものではない。これだけ医学が進歩しても治せない病気はいくらでもあるし、人間はいずれ死ぬのです。

会社の責任が問われるのは業務上か否かということ、この対応にエネルギーを注ぎましょう。

2 | 腹が立つのも当然

Q7で回答したように、メンタル不調は規則やルールから逸脱するのがその本質ですから、喜怒哀楽の感情を持って当然です。腹立ちについては医師やカウンセラーなどの専門家も同じです。ちなみに恐い、腹が立つ、悲しいという感情それ自体に善悪はありません。

対策は使用者同士すなわち人事担当者と管理監督者で愚痴をこぼしあうことです。

3 | この経験は必ず役に立つ

人財という綺麗ごとの表現をするのに、ねぎらいの言葉をかけるどころか、ダメ出しをする時代遅れの対応。その相手が愛憎系と指示待ち系の場合はどうなるのか？

これではウォッカの染み込んだ紙に火を近づけるようなもの。残念ながら我が国の職場では、人材管理の技術が遅れています。とりわけ契約

の視点が欠落しています。

　読者は今、メンタル不調者対応という最も難易度が高い人材管理を経験されています。これは非常に貴重な経験です。なぜなら今後も少子化が進むので、3種の個体側要因の持ち主が増えていきます。ですから、今の苦労は未来の事前演習といえましょう。さらにいえばメンタル不調者対応のような複雑な人材管理は、AIに置き換えしにくい業務といえましょう。

　また、筆者が大手企業や官公庁で研修を行った経験では、受講者の対応は、試行錯誤であっても概ね合格でした。10〜25％の不調者はだれが対応してもうまくはいかないものです。

　最善を尽くすことに意識を集中しましょう。

第 5 章

最近の法改正動向と
メンタルヘルス対策

01 　最新の動向

　近年、職場におけるメンタル不調問題が最も先鋭的に争われるのが、精神障害の労災認定です。過労自殺はもとより、私傷病休職していた社員が休職期間終了前後に突如、労災申請をすることも珍しくありません。このため企業としても、メンタル不調問題への対応に際し、まずは精神障害の労災認定の実態を把握しておくことが重要です。

　厚労省は 2019 年 6 月 28 日に「2018（平成 30）年度　過労死等の労災補償状況」を発表し、2018 年度の精神障害に係る労災補償の請求件数・認定件数等を明らかにし、労災補償請求件数は 1820 件となり過去最大となりました。その一方、労災支給決定件数自体は 465 件となり、前年比 41 件減となりました。この内訳を見ると、精神障害の労災請求・認定のうち自殺事案（未遂含む）は、いまなお請求 200 件、認定 76 件となっており、「過労自殺」案件が全国において生じています（**図表 5-1**。なお前年比では 20 件程度減少）。また療養・休業補償等に係る精神障害の労災請求件数は近年、急激に増加しており、2018 年度は 1620 件、2014 年度と比較すると 377 件もの増加が見られます。

　同発表資料では、精神障害の出来事別決定及び支給決定件数が示されていますが、「仕事内容・仕事量の（大きな）変化を生じさせる出来事があった」69 件、「（ひどい）嫌がらせ、いじめ、又は暴行を受けた」69 件、「悲惨な事故や災害の体験、目撃をした」56 件、「特別な出来事」55 件、「1 カ月に 80 時間以上の時間外労働を行った」45 件等の順となっており、職場での嫌がらせなど、いわゆるパワーハラスメント事案が相当数を占めている点が注目されます（**図表 5-2**）。

　また精神障害の時間外労働時間別（1 カ月平均）からの支給決定状況

を見ると（**図表5-3**）、まず「20時間未満」が82件と多く、「160時間以上」が35件でした（全体465件中）。一方で慢性的な長時間労働が認められた場合、「他の出来事」との総合考慮で労災認定がなされることも多く、今回の発表資料でも、月80時間以上の時間外労働が認められた案件での認定件数が全体の約38％を占めており、精神障害の労災認定においても、長時間労働の是正がやはり重要な課題であることが示唆されます。

2019年11月、加藤厚生労働大臣は記者会見において、パワハラに係

図表5-1　精神障害の労災補償状況

区分 ＼ 年度		2014	2015	2016	2017	2018
精神障害	請求件数	1456 (551)	1515 (574)	1586 (627)	1732 (689)	1820 (788)
	決定件数^{注2}	1307 (462)	1306 (492)	1355 (497)	1545 (605)	1461 (582)
	うち支給決定件数^{注3}	497 (150)	472 (146)	498 (168)	506 (160)	465 (163)
	[認定率]^{注4}	[38.0％] (32.5％)	[36.1％] (29.7％)	[36.8％] (33.8％)	[32.8％] (26.4％)	[31.8％] (28.0％)
うち自殺^{注5}	請求件数	213 (19)	199 (15)	198 (18)	221 (14)	200 (22)
	決定件数	210 (21)	205 (16)	176 (14)	208 (14)	199 (21)
	うち支給決定件数	99 (2)	93 (5)	84 (2)	98 (4)	76 (4)
	[認定率]	[47.1％] (9.5％)	[45.4％] (31.3％)	[47.7％] (14.3％)	[47.1％] (28.6％)	[38.2％] (19.0％)

注1：本表は、労働基準法施行規則別表第1の2第9号に係る精神障害について集計したものである。
　2：決定件数は、当該年度内に業務上又は業務外の決定を行った件数で、当該年度以前に請求があったものを含む。
　3：支給決定件数は、決定件数のうち「業務上」と認定した件数である。
　4：認定率は、支給決定件数を決定件数で除した数である。
　5：自殺は、未遂を含む件数である。
　6：( )内は女性の件数で、内数である。なお、認定率の( )内は、女性の支給決定件数を決定件数で除した数である。
出所：厚労省

図表5-2　精神障害の出来事別決定及び支給決定件数一覧

出来事の類型	具体的な出来事
1　事故や災害の体験	（重度の）病気やケガをした
	悲惨な事故や災害の体験、目撃をした
2　仕事の失敗、過重な責任の発生等	業務に関連し、重大な人身事故、重大事故を起こした
	会社の経営に影響するなどの重大な仕事上のミスをした
	会社で起きた事故、事件について、責任を問われた
	自分の関係する仕事で多額の損失等が生じた
	業務に関連し、違法行為を強要された
	達成困難なノルマが課された
	ノルマが達成できなかった
	新規事業の担当になった、会社の建て直しの担当になった
	顧客や取引先から無理な注文を受けた
	顧客や取引先からクレームを受けた
	大きな説明会や公式の場での発表を強いられた
	上司が不在になることにより、その代行を任された
3　仕事の量・質	仕事内容・仕事量の（大きな）変化を生じさせる出来事があった
	1か月に80時間以上の時間外労働を行った
	2週間以上にわたって連続勤務を行った
	勤務形態に変化があった
	仕事のペース、活動の変化があった
4　役割・地位の変化等	退職を強要された
	配置転換があった
	転勤をした
	複数名で担当していた業務を1人で担当するようになった
	非正規社員であるとの理由等により、仕事上の差別、不利益取扱いを受けた
	自分の昇格・昇進があった
	部下が減った
	早期退職制度の対象となった
	非正規社員である自分の契約満了が迫った
5　対人関係	（ひどい）嫌がらせ、いじめ、又は暴行を受けた
	上司とのトラブルがあった
	同僚とのトラブルがあった
	部下とのトラブルがあった
	理解してくれていた人の異動があった
	上司が替わった
	同僚等の昇進・昇格があり、昇進で先を越された
6　セクシュアルハラスメント	セクシュアルハラスメントを受けた
7　特別な出来事　注2	
8　その他　注3	
合計	

注1：「具体的な出来事」は、平成23年12月26日付基発1226第1号「心理的負荷による精神障害の認定基準について」別表1による。
　　2：「特別な出来事」は、心理的負荷が極度のもの等の件数である。
　　3：「その他」は、評価の対象となる出来事が認められなかったもの等の件数である。
　　4：自殺は、未遂を含む件数である。
　　5：（　）内は女性の件数で、内数である。
出所：厚労省

	2017 (平成29) 年度				2018 (平成30) 年度			
	決定件数	うち自殺	うち支給決定件数	うち自殺	決定件数	うち自殺	うち支給決定件数	うち自殺
	86 (39)	4 (0)	26 (5)	2 (0)	86 (25)	6 (1)	36 (5)	4 (0)
	99 (51)	1 (0)	63 (32)	1 (0)	92 (55)	0 (0)	56 (32)	0 (0)
	10 (2)	0 (0)	6 (1)	0 (0)	5 (1)	0 (0)	2 (1)	0 (0)
	24 (4)	11 (0)	8 (1)	6 (0)	26 (5)	7 (1)	4 (0)	1 (0)
	5 (2)	0 (0)	1 (0)	0 (0)	12 (4)	2 (0)	4 (3)	0 (0)
	2 (0)	1 (0)	0 (0)	0 (0)	1 (1)	0 (0)	1 (1)	0 (0)
	12 (7)	0 (0)	3 (1)	0 (0)	9 (3)	0 (0)	2 (1)	0 (0)
	13 (4)	4 (0)	1 (0)	1 (0)	14 (5)	1 (0)	4 (0)	1 (0)
	10 (4)	2 (1)	2 (1)	0 (0)	9 (3)	3 (1)	1 (0)	1 (0)
	8 (3)	3 (0)	5 (2)	3 (0)	12 (2)	4 (0)	3 (0)	2 (0)
	6 (1)	3 (1)	2 (1)	2 (1)	13 (4)	2 (0)	2 (1)	1 (0)
	34 (15)	4 (1)	4 (1)	1 (0)	21 (12)	3 (1)	5 (3)	1 (1)
	0 (0)	0 (0)	0 (0)	0 (0)	2 (2)	0 (0)	0 (0)	0 (0)
	1 (0)	1 (0)	0 (0)	0 (0)	2 (1)	0 (0)	1 (0)	0 (0)
	185 (54)	46 (2)	64 (13)	21 (1)	181 (53)	35 (4)	69 (11)	14 (0)
	61 (5)	15 (0)	41 (4)	10 (0)	68 (8)	21 (1)	45 (6)	14 (1)
	71 (8)	22 (0)	48 (6)	11 (0)	43 (7)	15 (1)	25 (5)	9 (1)
	3 (2)	0 (0)	1 (0)	0 (0)	8 (3)	3 (1)	0 (0)	0 (0)
	2 (1)	1 (0)	0 (0)	0 (0)	3 (2)	0 (0)	1 (1)	0 (0)
	34 (20)	2 (0)	5 (2)	1 (0)	19 (7)	0 (0)	3 (2)	0 (0)
	67 (23)	12 (0)	11 (1)	5 (0)	54 (22)	12 (2)	8 (4)	2 (1)
	11 (3)	5 (0)	3 (0)	3 (0)	21 (2)	10 (0)	7 (0)	4 (0)
	5 (2)	0 (0)	0 (0)	0 (0)	9 (3)	1 (0)	2 (0)	0 (0)
	3 (1)	0 (0)	0 (0)	0 (0)	7 (3)	3 (1)	1 (0)	1 (0)
	5 (1)	1 (0)	1 (0)	0 (0)	8 (1)	5 (0)	2 (0)	1 (0)
	2 (0)	1 (0)	1 (0)	1 (0)	2 (0)	1 (0)	1 (0)	0 (0)
	0 (0)	0 (0)	0 (0)	0 (0)	0 (0)	0 (0)	0 (0)	0 (0)
	0 (0)	0 (0)	0 (0)	0 (0)	3 (1)	0 (0)	0 (0)	0 (0)
	186 (65)	17 (1)	88 (25)	12 (1)	178 (76)	18 (1)	69 (29)	7 (0)
	320 (140)	20 (3)	22 (8)	4 (0)	255 (116)	30 (3)	18 (4)	7 (0)
	67 (38)	2 (0)	1 (0)	0 (0)	69 (39)	2 (1)	2 (2)	0 (0)
	2 (0)	1 (0)	0 (0)	0 (0)	18 (10)	2 (0)	3 (1)	2 (0)
	3 (2)	0 (0)	1 (1)	0 (0)	5 (3)	1 (1)	0 (0)	0 (0)
	2 (0)	1 (0)	0 (0)	0 (0)	2 (2)	0 (0)	0 (0)	0 (0)
	3 (0)	0 (0)	0 (0)	0 (0)	1 (1)	0 (0)	0 (0)	0 (0)
	64 (61)	0 (0)	35 (35)	0 (0)	54 (51)	0 (0)	33 (33)	0 (0)
	63 (20)	14 (1)	63 (20)	14 (1)	55 (18)	4 (0)	55 (18)	4 (0)
	76 (27)	14 (4)	0 (0)	0 (0)	94 (31)	8 (1)	0 (0)	0 (0)
	1545 (605)	208 (14)	506 (160)	98 (4)	1461 (582)	199 (21)	465 (163)	76 (4)

図表5-3　精神障害の時間外労働時間別（1カ月平均）支給決定件数

区分＼年度	2017 (平成29)年度		うち自殺	2018 (平成30)年度		うち自殺
20時間未満	75	(39)	7 (0)	82	(47)	8 (1)
20時間以上～ 40時間未満	35	(10)	10 (1)	30	(15)	4 (0)
40時間以上～ 60時間未満	35	(9)	10 (1)	37	(11)	8 (1)
60時間以上～ 80時間未満	33	(6)	10 (0)	27	(7)	6 (0)
80時間以上～ 100時間未満	33	(5)	11 (1)	30	(6)	9 (1)
100時間以上～ 120時間未満	41	(8)	12 (0)	61	(6)	16 (0)
120時間以上～ 140時間未満	35	(4)	10 (0)	34	(7)	10 (1)
140時間以上～ 160時間未満	26	(2)	9 (0)	17	(3)	5 (0)
160時間以上	49	(9)	12 (1)	35	(4)	6 (0)
その他	144	(68)	7 (0)	112	(57)	4 (0)
合計	506	(160)	98 (4)	465	(163)	76 (4)

注1：本表は、支給決定事案ごとに心理的負荷の評価期間における1か月平均の時間外労働時間数を算出し、区分したものである。
　2：その他の件数は、出来事による心理的負荷が極度であると認められる事案等、労働時間を調査するまでもなく明らかに業務上と判断した事案の件数である。
　3：自殺は、未遂を含む件数である。
　4：( ) 内は女性の件数で、内数である。
出所：厚労省

る精神障害の労災認定基準について、同年12月から有識者検討会議を立ち上げ、見直しに向けた検討を始めること、また精神障害の労災認定基準全体についても2020年中に医学的知見等を収集の上、2021年から有識者検討会議において本格的な再検討を行うことを表明しました。労災認定基準の見直しによって、これまで以上の精神障害の労災認定申請、さらには認定案件が増加する可能性があります。

一方でこのような労災申請・認定案件が生じることのないよう良好な職場環境の形成が何よりも重要であることは論をまちません。前記のとおり、長時間労働の是正、パワーハラスメントの予防・解消等が大きな課題である中、近時、政府は様々なメンタルヘルス対策に乗り出しています。まず労働安全衛生法を大幅改正し、長時間労働による健康障害防止、産業保健体制を強化するとともに、新たに事業主に対し、労働施策総合推進法にパワーハラスメント防止に係る規定整備等の義務付けを行いました。ここではまず最近の法改正動向を振り返るとともに、企業実務対応上の留意点につき確認を行うこととします。

02 改正労安衛法と
長時間労働による健康障害の防止

1 ｜ 改正労働安全衛生法の概要

　2018年6月29日に成立した働き方改革関連法により、労働安全衛生法（以下、改正法）が改正されました。その後、「働き方改革を推進するための関係法律の整備に関する法律による改正後の労働安全衛生法及びじん肺法の施行等について」（2018（平成30）9.7　基発0907第2。以下、施行通達）、「労働者の心身の状態に関する情報の適正な取扱いのために事業者が講ずべき措置に関する指針」（2018（平成30）9.7。以下、新指針）が公表され、さらに2018年12月末には「働き方改革を推進するための関係法律の整備に関する法律による改正後の労働安全衛生法及びじん肺法関係の解釈等について」（2018（平成30）12.28　基発1228第16。以下、解釈通達）が発出されています。

　今回の改正の背景としては、前記のとおり、近年、長時間労働やメン

図5-4 安衛法の改正ポイント

▶ **産業医・産業保健機能の強化**
　■産業医の権限の具体化・職務の追加
　●産業医等に対する健康管理等に必要な情報の提供
　●産業医による勧告時の対応整備
　●産業医の知識・能力の維持向上と独立性・中立公平性の強化
　●労働者からの健康相談に適切に対応するために必要な体制の
　　整備等と周知義務
　●衛生委員会の機能強化
▶ **●労働者の心身の状態に関する情報の取扱い**
▶ **■長時間労働者の面接指導と労働時間の状況の把握義務**

注：●は新設、■は規定内容を拡充

タルヘルス不調などにより精神疾患等に罹患し、労災認定がなされる事案がなお相次いでいる点があります。このような健康リスクが高い状況にある労働者を見逃すことがないよう、本改正では①長時間労働者に対する面接指導の強化、②産業医・産業保健機能の強化等を行いました。

2 　時間外労働の上限規制と 長時間労働に対する面接指導の対象拡大

　前記のとおり、精神障害の労災認定の一因に挙げられることが多いのが長時間労働です。この長時間労働防止については、働き方改革関連法中における改正労基法によって、以下の規制が新たに設けられることとなりました。

- 年間の法定労働時間を超える延長時間数は年720時間以内とする（36条5項）
- 1箇月における法定時間外労働と法定休日労働を合算した時間数の上限は100時間未満とする（同条5項・6項）
- 対象期間の初日から1箇月ごとに区分した各期間に当該各期間の直前の1箇月、2箇月、3箇月、4箇月及び5箇月の期間を加えたそれぞれの期間における労働時間を延長して労働させ、及び休日におい

　以上の上限規制に抵触する内容を含む36協定は全体として無効なものとされ、また上限規制を超えて時間外労働を行わせれば労基法32条違反に該当します。労基署からの監督指導も年々強化されており、企業において上限規制の遵守がこれまで以上に求められています。

　さらに改正労働安全衛生法では、長時間労働による健康障害を防止するため、医師による面接指導の強化を行うこととしました。面接指導の対象者を、法定時間外・休日労働が1カ月当たり80時間を超え、疲労の蓄積が認められる者に拡大し（改正法66条の8第1項、安衛則52条の2第1項）、同人が自ら申し出をした場合、産業医による長時間労働者の面接指導の実施を事業者に義務づけることとしました（同則52条の3第1項）。

　また新商品の研究開発業務に従事する労働者については、時間外・休日労働が1カ月当たり100時間を超えた場合、新たに労働者本人の申し出なしに医師による面接指導を行わなければならないこととしました（改正法66条の8の2第1項、安衛則52条の7の2）。なお新商品の研究開発業務に従事する労働者が前記基準を満たさない場合であっても、通常の長時間労働者の面接指導対象と同様に時間外・休日労働が1カ月当たり80時間を超える場合は、同様に長時間労働者の面接指導の対象となるものです。

　さらに長時間労働者の面接指導の申し出を適切に行わせるべく、本改正では、当該労働時間を超えた時間の算定を行ってから速やかに（おおむね2週間以内）、労働時間に関する情報の労働者への通知義務を課すこととしました（安衛則52条の2第3項）。解釈通達では、当該通知は疲労の蓄積が認められる労働者の面接指導の申し出を促すものであり、労働時間に関する情報のほか、面接指導の実施方法・時期等の案内をあ

わせて行うことが望ましいとします。また、通知方法としては、書面や電子メール等によるほか、給与明細に時間外・休日労働時間数が記載されている場合には、これをもって労働時間に関する情報の通知としても差し支えないとしています。

3 ｜ 労働時間の状況の把握義務

　以上のとおり安衛法上の長時間労働者の面接指導対象者を拡大するものですが、その前提として面接指導対象を的確に把握することが何よりも求められます。そこで本改正法では、事業者に対し、新たに厚生労働省令で定める方法により「労働時間の状況」を把握しなければならないこととしました（改正法66条の8の3　なお罰則規定は設けられていない）。

　この「労働時間の状況」について、解釈通達（2018（平成30）年12月28日付基発1228第16号）では以下の定義を示しています。「労働時間の状況の把握とは、労働者の健康確保措置を適切に実施する観点から、労働者がいかなる時間帯にどの程度の時間、労務を提供し得る状態にあったかを把握するものである」とします。このように安衛法上の「労働時間の状況」は長時間労働者の面接指導対象者を明らかにすることを目的としており、解釈通達にある「どの程度の時間…（中略）…提供し得る状態にあったか」の文言のとおり、労基法上の労働時間性判断とは異なり、幅広に同時間を捉えていると評価することができます。したがって「労働時間の状況」を把握したことのみをもって、「事業場外みなし労働」その他みなし労働制が否定されるものではなく、また「みなし時間数」の設定自体もこの「労働時間の状況」の時間数に直ちに拘束されるものではないと考えるべきです。

　「労働時間の状況」の把握の方法については、施行規則において「タイムカードによる記録、パーソナルコンピューター等の電子計算機の使用

時間の記録等の客観的な方法その他の適切な方法」と定められています（安衛則52条の7の3第1項）。事業者は、これらの方法により把握した労働時間の状況の記録を作成し、3年間保存するための必要な措置を講じることも新たに義務づけられます（同第2項）。

　以上のとおり「労働時間の状況」の把握方法は、タイムカードによる記録、PC等のログ記録のほか、「その他の適切な方法」とするものですが、その方法の一つとして労働者本人の自己申告による把握が考えられます。これについて解釈通達では、「やむを得ず客観的な方法により把握し難い場合」にのみ認められるとし、以下の例がこれに当たるとしています。

　「たとえば、労働者が事業場外において行う業務に直行または直帰する場合など、事業者の現認を含め、労働時間の状況を客観的に把握する手段がない場合」とします。他方で「当該労働者の働き方の実態や法の趣旨を踏まえ、適切な方法を個別に判断する」としており、直行直帰の場合であっても、事業場外から社内システムにアクセス可能であり、客観的な方法により労働時間の状況を把握できる場合には、「自己申告により労働時間の状況を把握することは、認められない」との立場を示しており、自己申告による把握は最小限にとどめるべきことを明らかにしています。

03 改正労安衛法と産業保健体制の強化

1 ｜ 産業医等の機能強化の背景

　前記のとおり、長時間労働やメンタルヘルス不調などによって健康リ

スクが高い状況にある労働者を見逃さないために、産業医による面接指導や健康相談等が確実に実施されるように、産業保健機能が強化されました。さらに、産業医の独立性や中立性を高めることなどにより、産業医等が産業医学の専門的立場から労働者一人ひとりの健康確保に向けた活動を行いやすいよう、環境を整備するための見直しもあわせて行っています。ここでは同改正のうち、メンタルヘルス対策として重要な健康相談の強化とこれにあわせた健康情報の取扱いルールの概要を確認します。

2 労働者からの健康相談に適切に対応するために必要な体制の整備等と周知義務

　まずメンタルヘルス対策として、産業医等が個々の労働者の健康管理のため、一層効果的な活動を行いやすい環境を整備することが望まれます。そこで本改正では新たに、事業者に対し、産業医等が労働者からの健康相談に応じ、適切に対応するために必要な体制の整備その他の必要な措置を講ずるように努めなければならないものとしました（改正法13条の3）。

　また、産業医を選任した事業場に対して、その事業場における産業医の業務の具体的内容、産業医に対する健康相談の申し出の方法および産業医による労働者の心身の状態に関する情報の取扱いの方法などを以下のいずれかの方法により、労働者に周知しなければならない（なお、産業医の選任義務がない事業場〔常時労働者50人未満〕については努力義務）としました（改正法101条2項・3項、安衛則98条の2）。

　①常時各作業場の見やすい場所に掲示し、または備え付けること
　②書面を労働者に交付すること
　③磁気テープ、磁気ディスクその他これらに準ずる物に記録し、かつ、各作業場に労働者が当該記録の内容を常時確認できる機器を設置すること

以上の周知義務を受け、健康相談窓口等を明らかにする方法の一つとして、規定の策定・周知が考えられます。一例を示します。

第●条（健康相談など健康の保持増進措置）

1. 会社は、社員に対する健康相談、健康教育およびその他社員の健康の保持増進を図るために必要な措置を継続的かつ計画的に講ずるよう努める。
2. 社員は、前項の会社が講ずる措置を利用してその健康の保持増進に努めること。
3. 原則として毎月１回、事業場ごとに会社が指定した場所において、産業医その他嘱託医による健康相談窓口を設けることとし、担当部門は●部とする。健康相談窓口の日時・場所・利用方法その他詳細については、社内掲示板等において事前に告知する。

　本改正では健康相談体制の整備が求められており、規定例では、当該相談窓口に係る定めを設けたものです。健康相談の場所・開催日等はその都度調整を要することが多いため、詳細については、事前に社内掲示板等で告知することとしましたが、この場合、社員にもその旨周知しておくことが求められます。また同周知に際しては、あわせて前記のとおり産業医の職務内容とともに、後述する労働者の心身の状態に係る健康情報の取扱規程もあわせて掲示しておく必要があります。

---

3 ｜ 労働者の個人情報の適正管理強化の背景

　労働者の健康障害防止にあたり、前記の健康相談はもとより産業医による定期健診・面接指導等を通じて、事業者が労働者の健康と安全を確保することが期待されています。しかしながら、事業者が労働者の健康情報をずさんに管理した状態であれば、労働者も安心して事業者・産業医・産業保健スタッフに対し、健康相談する等の産業保健活動を活用できません。そこで今回の改正法（じん肺法含む）では、以下の改正がな

されました。

　改正法では、事業者に対し、労働者の心身の状態に関する情報の収集・保管・使用に際し、労働者の健康の確保に必要な範囲内で当該情報を収集し、並びに当該収集の目的の範囲内で適正にこれを保管し、及び使用しなければならないことを明文化しました（改正法104条）。ただし、本人の同意がある場合その他の正当な事由がある場合は、この限りではないとします。解釈通達では、正当事由に該当するものとして、個人情報保護法16条3項各号の①法令に基づく場合、②人の生命、身体また財産の保護のために必要がある場合であって、本人の同意を得ることが困難であるとき等を例外事由として挙げています。

　また事業者は、労働者の心身の状態に関する情報を適正に管理するために必要な措置を講じなければならないものであるとし、厚労省が新指針（2018（平成30）年9月7日「労働者の心身の状態に関する情報の適正な取扱い指針」）を公表しました。

4 ｜ 新指針において事業者に策定を求める取扱規程とは

　同指針は、心身の状態の情報の取扱いに関する原則を明らかにしつつ、事業者が策定すべき取扱規程の内容、策定の方法、運用等について、以下の定めを設けました。まず原則として、事業者が心身の情報を取り扱う目的として、労働者の健康確保措置の実施や事業者が負う民事上の安全配慮義務と労働者の個人情報保護双方にあるとしたうえで、取扱規程には以下事項を定めるべきとするものです（厚労省「事業場における労働者の健康情報等の取扱規程を策定するための手引き」（以下、手引き）に示された規程例については220ページ以下参照）。

① 　心身の状態の情報を取り扱う目的及び取扱方法
② 　心身の状態の情報を取り扱う者及びその権限並びに取り扱う心身

の状態の情報の範囲等
③　心身の状態の情報の適正管理の方法
④　心身の状態の情報の開示、訂正等及び使用停止等の方法
⑤　心身の状態の情報の第三者提供の方法
⑥　事業承継、組織変更に伴う心身の状態の情報の引継ぎに関する事項
⑦　心身の状態の情報の取扱いに関する苦情の処理
⑧　取扱規程の労働者への周知の方法

5 ｜ 企業側から見た規程を設けることの意義

　同改正法・指針にもとづき、各社は健康情報管理規程を設けることが求められますが、企業側から見てこういった規程を設けることはいかなる意義を有するのでしょうか。まずは前記のとおり、個人情報保護の観点から、事業者が要配慮個人情報の一つである健康情報の適正収集等をなすことを明確化させる点に規程策定の意義がありますが、それだけではありません。

　近年、メンタルヘルス問題や生活習慣病などの発症リスクの高まりから、これまでになく労働者の健康確保が重要な経営課題となっています。そのような中、企業としても、定期健診のみならず、法定外健診（人間ドックにおけるガン検診など）や休職・復職時の面談、さらには健康相談等を通じて、従業員の診断書など様々な健康情報に接する機会が増えています。これに対し、安衛法では法定健診など法令に基づく健康情報収集・法目的に沿った利用等については、労働者本人の同意なく収集利用可能としてきましたが、法定外の健康情報については安衛法に明確な定めがなく、個人情報保護法が適用されることとなります。

　これについて、2015年改正個人情報保護法では、健康情報という労働者の要配慮個人情報について、事業者が取得しようとする際には、労働者本人からの同意を必須としました（個人情報保護法17条2項）。このため、事業者が法定外健診結果や復職面談時に診断書を取得しようと

する際には、必ず労働者本人からの個別同意を要することとなります。この個別同意について、その都度、労働者から書面等による同意を得なければならないか、また労働者本人から提出があった場合、収集・利用等に係る同意があったとみなしうるのか等、判然としない面もあり、この不明確さが安全衛生活動上の支障になりえました。

　これに対し、厚労省策定の「手引き」では、その都度の個別同意を取ることが使用者側にとって大きな負担となるため、「例えば、就業規則上に健康情報の取扱いについて規定し、当該就業規則を労働者に周知していれば、労働者が就業規則に規定されている健康情報等を本人の意思に基づき提出したことをもって、本人同意が得られていると理解して良いでしょうか」との問いに対し、新たに次の回答を示しています。

A　本人同意の取得方法も含めた健康情報の取扱いを就業規則に規定し、労働者に周知することは、一つの有効な手段であり、その際の手順としては以下が考えられます。
①　就業規則を新たに作成又は変更し、健康情報等の取扱いに関する規程を追加する際には、労使で十分に話し合い、当該健康情報等の取得方法、利用目的等の合理性を確認する。
②　就業規則を作成又は変更した後、その内容を全労働者に認識される合理的かつ適切な方法により周知する。
③　周知後、個々の労働者からの求めに応じて、就業規則の作成又は変更の趣旨や内容等について、丁重に説明をする。
④　上記の手順により健康情報等の取扱いに関する規程を就業規則に盛り込み、労働者に周知している場合には、労働者本人が当該健康情報等を本人の意思に基づき提出したことをもって、当該健康情報等の取扱いに関する労働者本人からの同意の意思が示されたと解されます。

　このように合理的な健康情報取扱規程を適正に定め、労働者に周知することで、労働者本人から自発的な健康情報の提出をもって、個別同意があったとするものであり、効果的な安全衛生活動をなすうえで、こう

いった規程の整備・周知が極めて重要といえます。前記手引きで示された規程例（本書 220 ページ以下）を参照しながら規程整備を進めることが考えられます。

6 | 健康情報の取扱いと印象情報

　健康情報の対象としては、健診等の有無・結果のほか、「通院状況等疾病管理のための情報」などがここに含まれます。これまで、そういった情報の収集・利用・保管先は産業保健スタッフに限られず、直属の上司や人事スタッフが自ら行っていることが多かったのですが、中には担当上長が自らのデスク内の関連人事情報ファイルに該当社員の主治医診断書などを無造作に放り込んでおり、後日になって産業医などの産業保健スタッフが該当する情報を目にすることも珍しくありませんでした。

　そのような管理のままでは、同診断書が散逸し、結果として社内外に健康情報が漏洩する等の危険性がある上、こういった取扱い自体が指針違反等に該当するため、労基署からの行政指導対象となりえます。改めて健康情報等の収集・使用等の責任者を明確にし、その者に情報を一元管理させるべきです。その最適任者は産業医、保健師、看護師などの医療職か、衛生管理者・衛生推進者等が適当であると考えられます。また、経営者、管理職等その他情報取扱い者は当該責任者から許諾を受けたうえで健康情報等の収集、使用等がなされるのが望ましいです。

　この健康情報の取扱いに関連し、社内的に取扱いに悩むのが、労働者本人の言動、人物評など健康情報と一定の関係性がある個人印象情報の取扱いです。上司、同僚、部下や人事・産業保健スタッフも日々、そういった印象情報を見聞きしたり、自ら情報形成に関与する場合がありますが、これも法定外の健康情報に含まれるのでしょうか。厚労省の指針等では判然としませんが、あくまで当該情報は印象情報に過ぎず、当該情報の収集・利用等に労働者本人の個別同意等を要するものではないと

考えられます。したがって本指針、健康情報取扱規程の対象情報とは区別されるべきですが、他方で当該情報をみだりに流布等することは、労働者本人の名誉・人格権を毀損し、民事損害賠償請求の対象となりえます。印象情報の収集等に際し、随時、労働者本人の同意を要しないとはいえ、情報の適正管理が求められることは言うまでもありません。

04 パワハラ防止対策とメンタルヘルス対応

1 改正労働施策総合推進法の概要

　厚労省は2018年12月14日、労働政策審議会建議「女性の職業生活における活躍の推進及び職場のハラスメント防止対策等の在り方について」（労政審第1032号　平成30年12月14日）を示しました。その後、政府は同建議を踏まえて「女性の職業生活における活躍の推進に関する法律等」の法案要綱を策定し、2019年通常国会に同法案が提出され、同年5月末に可決成立しました。同法中の改正労働施策総合推進法に盛り込まれたのが、パワハラ防止対策に他なりません。同パワハラ防止対策の施行時期については、大企業が2020年6月、中小企業が2022年4月を予定しています。

2 職場のハラスメント防止対策の基本的考え方

　同改正法のもととなった建議では、まず職場のパワーハラスメント等の様々なハラスメントは、労働者の尊厳や人格を傷つける等の人権に関わる許されない行為であり、企業にとっても経営上の損失につながるこ

とから、防止対策を強化することが必要とします。その上で法制化に向けた基本的な考え方として、以下の方針を示しています。

> 「事業主に対し、その雇用する労働者が自社の労働者等（役員等を含む）からパワーハラスメントを受けることを防止するための雇用管理上の措置を義務づけることが適当である。その際、現場の労使が対応しやすくなるよう、職場のパワーハラスメントの定義や考え方、企業が講ずべき措置の具体的内容を明確化していくことが必要である」

同建議を受け、今回改正された労働施策総合推進法では、事業主に対し以下の雇用管理上の措置等を義務づけることとしました（同法30条の2）。

> 「事業主は、職場において行われる優越的な関係を背景とした言動であって、業務上必要かつ相当な範囲を超えたものによりその雇用する労働者の就業環境が害されることのないよう、当該労働者からの相談に応じ、適切に対応するために必要な体制の整備その他の雇用管理上必要な措置を講じなければならない」

その上で同2項では、労働者が前項の相談を行ったこと、または事業主による当該相談への対応に協力した際に事実を述べたことを理由とした、当該労働者に対する解雇その他不利益取扱いの禁止を定めました。さらに同3項以下では、前2項の規定に基づき事業主が講ずべき措置等に関する指針策定の根拠等を定めています。

さらに同法では事業主の責務が以下のとおり明文化されています（同法30条の3　2項・3項）。なお以下の「優越的言動問題」は労働者の就業環境を害するパワーハラスメントに係る言動問題を意味するものです。

　また労働者についても、事業主と同じく「優越的言動問題に対する関
心と理解を深め、他の労働者に対する言動に必要な注意を払うととも
に、事業主の講ずる・・措置（※同30条の2に基づく前記措置義務）に
協力するように努めなければならない」こととされました（同4項）。
さらに国についても、優越的言動問題に対する事業主その他国民一般の
関心と理解を深めるため、広報活動、啓発活動その他の措置を講ずるよ
う努めなければならないこととされています（同1項）。

---

3 ｜ パワーハラスメント等の労使紛争解決援助と 措置義務等の履行確保

　また改正法では、新たに前記措置義務に係るパワーハラスメントの労
使紛争につき、都道府県労働局長による紛争解決援助、紛争調整委員会
による調停の対象とするとともに、措置義務等に係る都道府県労働局長
の行政指導に係る規定が整備されています。とりわけ注目されるのが行
政指導等による履行確保であり、事業者の措置義務が履行されているか
確認すべく、行政に以下の調査権限を付与しています。

できる。
②報告の要求（同 36 条）
　厚労大臣は、事業主から第 30 条の 2 第 1 項及び第 2 項の規定（※
パワハラ防止に係る事業者の措置義務）の施行に関し必要な事項に
ついて報告を求めることができる。

　さらに②の行政からの報告要求に対し、事業者が「報告をせず、又は
虚偽の報告をした」場合には、「20 万円以下の過料に処する」こととし
ている（同 41 条）点にも留意すべきです。

　同調査の結果、厚労大臣は法律の施行に関し必要があると認めるとき
には、事業者に対し、助言、指導または勧告をすることができますが、
このうち前記措置義務等の規定に違反している事業主に対し、勧告を行
ったにもかかわらず、この勧告を受けた者がこれに従わない場合、「そ
の旨を公表することができる」こととしました（同 33 条 2 項）。行政指
導に従わない事業者名の公表制度を新設することで、行政履行確保を高
めようとするものです。

　また本改正によって、パワハラ紛争事案については、労働局の個別労
使紛争制度上、斡旋ではなく、調停事案となる点も実務上少なからぬ影
響が生じうる点です。2019 年法改正では、労働局による調停制度の一
部見直しがなされており、調停委員会は調停のため必要があると認める
ときには、関係当事者はもちろん、新たに関係当事者と同一の事業場に
雇用される労働者その他の参考人の出頭を求め、その意見を聞くことが
できることとされました（男女雇用機会均等法 20 条）。同改正はパワー
ハラスメントの調停においても同様に準用されるものであり、当該規定
新設の結果、使用者側が同意せずとも調停委員会の判断で、パワハラ被
害を申し立てる社員の同僚等の出頭・意見聴取を求めることが可能とな
りました（労働施策総合推進法 30 条の 7）。

4 | 指針に見るパワハラ防止対策

　以上のとおり、改正法では事業主に対する雇用管理上の措置につき法律で義務づけたうえで、職場のパワーハラスメントの定義や事業主が講ずべき措置の具体的内容について指針を定め、公表することとしています。この指針については、2019 年 11 月 20 日の厚労省労働政策審議会雇用環境・均等分科会において概ね素案（職場におけるパワーハラスメントに関して雇用管理上講ずべき措置等に関する指針の素案）が了承されました。同指針の正式な告示は 2020 年 1 月 15 日（告示第 5 号）、発効は根拠法が施行される 2020 年 6 月です（指針は 226 ページ以下）。

　指針ではまず事業主が講ずべき措置等の具体的内容として、事業主に以下の対応が求められています。

ⓐ事業主における、職場のパワーハラスメントがあってはならない旨の方針の明確化や、当該行為が確認された場合には厳正に対処する旨の方針やその対処の内容についての就業規則等への規定、それらの周知・啓発等の実施
ⓑ相談等に適切に対応するために必要な体制の整備（本人が萎縮するなどして相談を躊躇する例もあることに留意すべき）
ⓒ事後の迅速、適切な対応（相談者等からの丁寧な事実確認等）
ⓓ相談者・行為者等のプライバシーの保護等あわせて講ずべき措置

　この指針においてまず注目されるのが、パワーハラスメントの定義と具体例に係る記述です。指針ではパワーハラスメントの定義として「①職場において行われる優越的な関係を背景とした言動であって、②業務上必要かつ相当な範囲を超えたものにより、③労働者の就業環境が害されるものであり、①から③までの要素を全て満たすもの」とします。他方で「客観的にみて、業務上必要かつ相当な範囲で行われる適正な業務指示や指導については、職場におけるパワーハラスメントには該当しな

い」とするものです。

　各要件ごとの定義も示されており、まず①の「職場」について、指針では「事業主が雇用する労働者が業務を遂行する場所。当該労働者が通常就業している場所以外の場所であっても、当該労働者が業務を遂行する場所については、「職場」に含まれる」と定義づけています。

　また①の「優越的な関係を背景とした言動」については「当該事業主の業務を遂行するに当たって、当該言動を受ける労働者が行為者に対して抵抗又は拒絶することができない蓋然性が高い関係を背景として行われるもの」としており、以下の例を示しています。

　「職務上の地位が上位の者による言動」「同僚又は部下による言動で、当該言動を行う者が業務上必要な知識や豊富な経験を有しており、当該者の協力を得なければ業務の円滑な遂行を行うことが困難であるもの」、「同僚又は部下からの集団による行為で、これに抵抗又は拒絶することが困難であるもの」

　次に②の「業務上必要かつ相当な範囲を超えた言動か否か」について、指針では「社会通念に照らし、当該言動が明らかに当該事業主の業務上必要性がない、又はその態様が相当でないもの」として、次の例を挙げています。

　「業務上明らかに必要のない言動、業務の目的を大きく逸脱した言動、業務を遂行するための手段として不適当な言動、当該行為の回数、行為者の数等、その態様や手段が社会通念に照らして許容される範囲を超える言動」

　②の判断に当たっては、「様々な要素（当該言動の目的、当該言動を受けた労働者の問題行動の有無や内容・程度を含む当該言動が行われた経緯や状況、業種・業態、業務の内容・性質、当該言動の態様・頻度・継続性、労働者の属性や状況、行為者との関係性等）を総合的に考慮す

ることが適当とします。その際、個別の事案において労働者の行動が問題となる場合には、その内容・程度とそれに対する指導の態様等の相対的な関係性が重要な要素となることも指摘されているものです。いずれの判断基準も、これまでパワハラに係る民事損害賠償請求事案において、裁判所が重視してきた判断基準であり、これを指針においても確認したものと位置づけられます。

最後に③の「就業環境を害すること」について、指針では「当該言動により労働者が身体的又は精神的に苦痛を与えられ、労働者の就業環境が不快なものとなったため、能力の発揮に重大な悪影響が生じる等当該労働者が就業する上で看過できない程度の支障が生じること」としています。この判断に当たっては、「平均的な労働者の感じ方」、すなわち、「同様の状況で当該言動を受けた場合に、社会一般の労働者の多くが、就業する上で看過できない程度の支障が生じたと感じるような言動であるかどうかを基準とすることが適当」としています。

指針では、原則として職場におけるパワハラの認定は前記①～③までの要素を全て満たすものを指すとしますが、個別の事案判断にあたっては「業務上必要かつ相当な範囲を超えた」言動で総合的に考慮することとした事項のほか、そのような言動により労働者が受ける身体的または精神的な苦痛の程度等を総合的に考慮して判断することが必要としています。さらに2019年11月の労働政策審議会では、国会の付帯決議などを受けて「相談した労働者の心身の状況や受け止めなどの認識にも配慮」することが追記されました。

---

5 | 指針に見るパワハラの具体的判断基準

実務上、悩ましいのはパワハラに該当するか否か、判別しがたい事案への対処です。たとえば部下の勤務態度・能力等に問題があり、上司が再三指導を繰り返していたところ、部下からパワハラ等の申し立てが生

じるケースがまま見られます。これについて指針では前記②の定義をもとに、具体例として、精神的な攻撃、人間関係からの切り離し、過大過小な業務など様々な項目ごとに、「該当すると考えられる例」、「該当しないと考えられる例」を示しています。たとえば「精神的な攻撃」の項目におけるパワハラ該当例としては「人格を否定するような言動を行うこと（相手の性的指向・性自認に関する侮辱的な言動を行うことを含む）」などの例が挙げられています。他方で非該当例として、「遅刻など社会的ルールを欠いた言動が見られ、再三注意してもそれが改善されない労働者に対して一定程度強く注意をすること」とします。

また「人間関係からの切り離し」の該当例では「自身の意に沿わない労働者に対して、仕事を外し、長期間にわたり、別室に隔離したり、自宅研修させたりすること」などが挙げられました。他方で非該当例では「懲戒規定に基づき処分を受けた労働者に対し、通常の業務に復帰させるために、その前に、一時的に別室で必要な研修を受けさせること」が示されています。2019年10月に示された指針の素案段階では同非該当例に「復帰させるために」「一時的に」などの文言がなく、「追い出し部屋」を許容するのか等の批判が見られましたが、同文言を追記し、批判に応えた修正がなされました。

さらに過大な業務についてはパワハラ該当例として「長期間にわたる、肉体的苦痛を伴う過酷な環境下での勤務に直接関係のない作業を命じること」等が示されました。他方で非該当例としては「労働者を育成するために現状よりも少し高いレベルの業務を任せること」等が挙げられています。なお素案段階では過小な業務に係る非該当例として「経営上の理由により一時的に能力に見合わない簡単な業務に就かせること」が挙げられていましたが、職場いじめの容認につながるとの批判が見られ、最終案からは削除されています（その他、指針における該当例・非該当例は227ページ以下参照）。

本指針の策定過程において、改めてパワハラか否かの判断の難しさが

表面化したわけですが、本改正法の主要目的はパワハラ未然防止にあることは論をまちません。本指針に示されたパワハラ該当および非該当例はあくまで「例示」であり、「限定列挙」ではないことから、指針が示す「問題となる例」にただちに該当しない場合であっても、事業主として広く相談に対応することが必要です。さらに相談対応時には、被害を受けた労働者が萎縮するなどして相談を躊躇する場合も踏まえ、相談者の心身の状況やその言動が行われた際の受け止めなどその認識にも配慮することに留意する必要があります。

6 │ パワハラ非該当事案に対する会社側対応とは

　前記言動・対応の時点ではただちにパワハラに該当しないとしても、その後も長期間にわたり同様の言動・対応が継続された場合等には、労働者側の行動との「相対的な関係性」を失したものとして「パワハラ」に転じる可能性が大です。前述のとおり、相談時点でただちに指針上の「問題となる例」に該当しないとしても、まずは事業主としてパワハラ相談窓口を設け、労働者に周知することが求められています。相談等をした労働者に対し、解雇その他不利益取扱いをなすことは法律上も禁止されています。

　相談窓口では「被害を受けた労働者が萎縮するなどして相談を躊躇する例もあること等その心身の状況にも配慮しつつ」「職場におけるパワーハラスメントに該当するか否か微妙な場合であっても、広く相談に対応し、適切な対応」をなすことが求められます。その対応例としては「放置すれば就業環境を害するおそれがある場合や、労働者同士のコミュニケーションの希薄化などの職場環境が原因や背景となってパワーハラスメントが生じるおそれがある場合等」が挙げられています。

　パワハラか否か判然としない相談への具体的な対応が難しいところですが、ただちにパワハラに該当しないとしても、労働者側から当該相談

が生じる背景として、職場内のコミュニケーションや上司の指導方法に何らかの課題が生じている可能性があります。指針ではパワハラの予防対策として、職場内のコミュニケーションの活性化や円滑化のための取組みとして、定期的な面談・ミーティングや「感情をコントロールする手法についての研修」など様々な取組みをなすことを事業者に勧奨しています。また過大・過小な業務といえるか否かにつき、上司・部下の間で疑義が生じないよう、あらかじめ適正な業務目標の設定等を行っておくことも有益でしょう。

　指針では職場環境の改善のための取組み例として、適正な業務目標の設定や適正な業務体制の整備、業務の効率化による過剰な長時間労働の是正等を通じて、労働者に肉体的・精神的負荷を強いる職場環境や組織風土の改善も事業主の努力義務の一つとしています。

7 ｜ その他パワハラ防止対策について

　政府は 2012 年 3 月に「職場のいじめ・嫌がらせ問題に関する円卓会議」による「職場のいじめ・嫌がらせ問題に関する円卓会議ワーキング・グループ報告書」を示していましたが、同報告書において職場のパワーハラスメントの予防・解決のための対策として挙げていたのが以下の項目です。指針を下にパワハラ防止対策を検討する際にも、この報告書は参考となります。

①トップのメッセージ
　＞組織のトップが、職場のパワーハラスメントは職場からなくすべきであることを明確に示す
②ルールを決める
　＞就業規則に関係規定を設ける、労使協定を締結する
　＞予防・解決についての方針やガイドラインを作成する
③実態を把握する

＞従業員アンケートを実施する
④**教育する**
　　＞研修を実施する
⑤**周知する**
　　＞組織の方針や取組について周知・啓発を実施する

　トップメッセージによるパワハラ防止に係る方針の明確化がまず求められるものですが、あわせて②「ルールを決める」ことも、社内のパワハラ防止に係る意識醸成を高める上で極めて有効な施策です。具体的には以下の内容につきルールを決めることが考えられます。

①パワハラの定義、具体例の例示
②パワハラ相談、調査担当組織の規定化
③パワハラ相談に対する対応の流れおよび手続き等の規定化
④パワハラ行為に対する懲戒基準、処分内容と手続きの規定化（内規化）
⑤パワハラ行為に対する社内対応（被害社員に対する支援、再発防止対策等）

　パワハラ防止対策において何よりも重要であるのが「魂」です。パワーハラスメントをトップ・管理職そして労働者が許さないという「魂」の意識醸成なくして、規定整備等だけをいかに進めても「仏を作って魂を入れず」になりかねません。パワハラ防止に向けた地道な周知・啓蒙活動を社内外において繰り返し進めていくことが求められます。

巻末資料1 健康情報等の取扱規程の雛型

健康情報等の取扱規程

　本取扱規程は、業務上知り得た従業員の心身の状態に関する情報（以下「健康情報等」という。）を適切かつ有効に取り扱うことを目的として定めるものである。

（目的）

第1条　●●●（社名又は事業場名）における業務上知り得た健康情報等は、「健康確保措置の実施」又は「安全配慮義務の履行」のために本取扱規程に則り、適切に取り扱う。

2　健康情報等を取り扱う者は、あらかじめ従業員本人の同意を得ることなく、前項で定めた利用目的の達成に必要な範囲を越えて、健康情報等を取り扱ってはならない。ただし、個人情報保護法第16条第3項の各号に該当する場合を除く。

（健康情報等）

第2条　健康情報等は　別表1　の内容を指す。

（健康情報等の取扱い）

第3条　「健康情報等の取扱い」とは、健康情報等に係る収集から保管、使用（第三者提供を含む。）、消去までの一連の措置を指し、　別表2　のとおり定義する。

別表2：健康情報等の取扱いに関する定義

方法の種類	具体的内容
収集	健康情報等を入手すること
保管	入手した健康情報等を保管すること
使用	健康情報等を取り扱う権限を有する者が、健康情報等を（閲覧を含めて）活用すること、また第三者に提供すること
加工	収集した健康情報等の他者への提供に当たり、当該健康情報等の取扱いの目的の達成に必要な範囲内で使用されるように変換すること。（例えば、健康診断の結果等をそのまま提供するのではなく、所見の有無や検査結果を踏まえ、医師の意見として置き換えることなど。）
消去	収集、保管、使用、加工した情報を削除するなどして使えないようにすること

（健康情報等を取り扱う者及びその権限並びに取り扱う健康情報等の範囲）

第4条　健康情報等を取り扱う者を、　別表3　のとおり区分する。

2　健康情報等を取り扱う責任者（以下「責任者」という。）は別途定める。

3　健康情報等を取り扱う者とその権限、取り扱う健康情報等の範囲を、　別表4　に定める。

4　別表3に定めた権限を越えて健康情報等を取り扱う場合は、責任者の承認を得るとともに、従業員本人の同意を得る。

5　健康情報等を取り扱う者は、職務を通じて知りえた従業員の健康情報等を他人に漏らしてはならない。

（健康情報等を取り扱う目的等の通知方法及び本人同意の取得方法）

第5条　健康情報等を取り扱う場合には、あらかじめその利用目的・取扱方法を労働者本人に通知又は公表する。公表していない場合であって情報を取得した場合には、速やかにその利用目的等を従業員本人に通知する。

2　健康情報等の分類に応じた従業員本人の同意取得について、　別表5　のとおり定める。

別表5：健康情報等の分類と同意取得の有無・方法

①法令に基づき、収集する情報	従業員本人の同意を得ずに収集することができる。
②法令で定められていない項目について収集する情報	適切な方法により従業員本人の同意を得ることで収集することができる。取扱規程に定めている情報に関しては、本取扱規程が、従業員本人に認識される合理的かつ適切な方法により周知され、従業員本人が本取扱規程に規定されている健康情報等を本人の意思に基づき提出したことをもって、当該健康情報の取扱いに関する従業員本人からの同意の意思が示されたものと解する。

3　個人情報保護法第17条第2項の各号に該当する場合は従業員本人の同意取得は必要としない。

（健康情報等の適正管理の方法）

第6条　利用目的の達成に必要な範囲において、健康情報等を正確かつ最新の内容に保つよう努める。

2　健康情報等の漏えい・滅失・改ざん等を防止するため、組織的、人的、物理的、技術的に適切な措置を講ずる。

・責任者は、健康情報等があらかじめ定めた方法に従って取り扱われていることを確認する。

・第4条第1項に定められた者以外は原則、健康情報等を取り扱ってはならない。

・健康情報等を含む文書（磁気媒体を含む。）は施錠できる場所への保管、記録機能を持つ媒体の持ち込み・持ち出し制限等により情報の盗難・紛失等の防止の措置を講ずる。

- 健康情報等のうち、体系化され、検索可能な個人データに当たるものを扱う情報システムに関して、アクセス制限、アクセス記録の保存、パスワード管理、外部からの不正アクセスの防止等により、情報の漏えい等の防止の措置を講ずる。
3　健康情報等は、法令又は社内等に定める保存期間に従い保管する。利用目的を達した場合は、速やかに廃棄又は消去するよう努める。
4　情報の漏えい等が生じた場合には、速やかに第4条第2項に定められた責任者へ報告する。また、事業場内部において報告及び被害の拡大防止、事実関係の調査及び原因の究明、影響範囲の特定、再発防止策の検討及び実施、影響を受ける可能性のある本人への連絡等並びに事実関係及び再発防止策の公表などの必要な措置を講じる。
5　健康情報等の取扱いを委託する場合は、委託先において当該健康情報等の安全管理措置が適切に講じられるよう、委託先に対して必要かつ適切な監督を行う。

（健康情報等の開示、訂正等（追加及び削除を含む。以下同じ。）及び使用停止等（消去及び第三者への提供の停止を含む。以下同じ。））
第7条　従業員本人より別途定める方法により当該本人の健康情報等の開示請求を受けた場合、本人に対し、遅滞なく、当該健康情報等の書面の交付による方法又は請求を行った者が同意した方法で開示する。権限を有する者が当該情報を開示する。また、従業員本人が識別される情報がないときにはその旨を知らせる。
2　ただし、開示することにより、従業員本人又は第三者の生命、身体、財産その他の権利利益を害するおそれがある場合や、業務の適正な実施に著しい支障を及ぼすおそれがある場合等には、開示請求を受けた情報の全部又は一部を開示しないことができる。また、その場合は遅滞なく従業員本人に対してその旨を通知する。また、従業員本人に通知する場合には、本人に対してその理由を説明するように努める。開示に関しては、開示の受付先、開示に際して提出すべき書面の様式等の請求に応じる手続きを定め、従業員本人に周知する。
3　従業員本人より当該本人の健康情報等について訂正、追加、削除、使用停止（第三者への提供の停止を含む。以下「訂正等」という。）の請求を受けた場合で、その請求が適正であると認められる場合には、訂正等を行う。訂正等を行った場合、又は行わなかった場合いずれの場合においても、その内容を従業員本人へ通知する。
4　ただし、訂正等の請求があった場合でも、利用目的から見て訂正等の必要がない場合、誤りである指摘が正しくない場合、訂正等の対象が事実でなく評価に関する情報である場合には、訂正は行わない。ただし、その場合には、遅滞なく、訂正等を行わない旨を従業員本人に通知する。また、従業員本人に対して訂正等を行わない理由を説明するよう努める。なお、評価に関する健康情報等に、評価の前提となっている事実も記載されており、それに誤りがある場合においては、その限りにおいて訂正等を行う。

（健康情報等を第三者に提供する場合の取扱い）
第8条　あらかじめ従業員本人の同意を得ることなく、健康情報等を第三者へ提供してはならない。ただし、個人情報保護法第23条第1項に該当する場合（※1）を除く。また、個人情報保護法第23条第5項に該当する場合の健康情報等の提供先は第三者に該当しない（※2）。
　　※1：具体的には次の場合を指す。
　　　　・労働安全衛生法第66条第1項から第4項、第66条の8第1項、第66条の8の2第1項、第66条の8の4第1項、第66条の10第3項の規定に基づき、健康診断又は面接指導等の実施を委託するために必要な労働者の個人情報を外部機関（健康診断実施機関や産業保健総合支援センターの地域窓口（地域産業保健センター））に提供する場合、その他法令に基づく場合
　　　　・人の生命、身体又は財産の保護のために必要がある場合であって、従業員本人の同意を得ることが困難である場合
　　　　・公衆衛生の向上又は児童の健全な育成の推進のために特に必要がある場合であって、従業員本人の同意を得ることが困難である場合
　　　　・国の機関若しくは地方公共団体又はその委託を受けた者が法令の定める事務を遂行することに対して協力する必要がある場合であって、本人の同意を得ることにより当該事務の遂行に支障を及ぼすおそれがある場合
　　※2：具体的には次の場合を指す。
　　　　・健康保険組合等と共同して健康診断や保健事業を実施する場合
　　　　・健康情報等の取扱い（データ入力・分析等）を委託して実施する場合
　　　　・合併その他の事由により事業の承継に伴って情報を提供する場合
2　健康情報等を第三者に提供する場合、個人情報保護法第25条に則り記録を作成・保存する。

（第三者から健康情報等の提供を受ける場合の取扱い）
第9条　第三者から健康情報等（個人データ）の提供を受ける場合には、個人情報保護法第26条に則り、必要な事項について確認すると、記録を作成・保存する。

（事業承継、組織変更に伴う健康情報等の引継ぎに関する事項）
第10条　合併、分社化、事業譲渡等により他の事業者から事業を承継することに伴って健康情報等を取得する場合、安全管理措置を講じた上で、適正な管理の下、情報を引き継ぐ。
2　労働安全衛生法によらず取り扱う情報のうち、承継前の利用目的を超えて取り扱う場合には、あらかじめ従業員本人の同意を得る。

（健康情報等の取扱いに関する苦情の処理）
第11条　健康情報等の取扱いに関する苦情は●●●（部署名等）が担当する。連絡先は以下とする。
　　・電　話：●●●●
　　・メール：●●●●
2　苦情に適切かつ迅速に対処するものとし、必要な体制を整備する。

（取扱規程の従業員への周知の方法）
第12条　本取扱規程は●●●●（周知方法）により従業員に周知する。
2　従業員が退職後に、健康情報等を取り扱う目的を変更した場合には、変更した目的を退職者に対して周知する。

（教育・啓発）
第13条　健康情報等の取扱いに関して、健康情報等を取り扱う者（事業者を含む。）及びそれ以外の従業員を対象に●●ごとに（頻度）に
　　研修を行う。

（その他）
第14条　本取扱規程の主幹部署は、●●●（部署名等）とする。
第15条　年1回及び必要に応じて、本取扱規程の見直しを行う。改訂は●●●（会議名等）において行う。
第16条　本規程は、●●●●年●月●日より実施する。

別表1：健康情報等の具体的内容（例）

①安衛法第65条の2第1項の規定に基づき、会社が作業環境測定の結果の評価に基づいて、従業員の健康を保持するため必要があると
　認めたときに実施した健康診断の結果
①-1　上記の健康診断の受診・未受診の情報
②安衛法第66条の第1項から第4項までの規定に基づき会社が実施した健康診断の結果並びに安衛法第66条第5項及び第66条の2の
　規定に基づき従業員から提出された健康診断の結果
②-1　上記の健康診断を実施する際、当社が追加して行う健康診断による健康診断の結果
②-2　上記の健康診断の受診・未受診の情報
③安衛法第66条の4の規定に基づき会社が医師又は歯科医師から聴取した意見及び第66条の5第1項の規定に基づき会社が講じた健
　康診断実施後の措置の内容
④安衛法第66条の7の規定に基づき会社が実施した保健指導の内容
④-1　上記の保健指導の実施の有無
⑤安衛法第66条の8第1項（第66条の8の2第1項、第66条の8の4第1項）の規定に基づき会社が実施した面接指導の結果及び同条第2
　項の規定に基づき従業員から提出された面接指導の結果
⑤-1　上記の労働者からの面接指導の申出の有無
⑥安衛法第66条の8第4項（第66条の8の2第2項、第66条の8の4第2項）の規定に基づき会社が医師から聴取した意見及び同条第5項
　の規定に基づき会社が講じた面接指導実施後の措置の内容
⑦安衛法第66条の9の規定に基づき会社が実施した面接指導又は面接指導に準ずる措置の結果
⑧安衛法第66条の10第1項の規定に基づき会社が実施した心理的な負担の程度を把握するための検査（以下「ストレスチェック」という。）
　の結果
⑨安衛法第66条の10第3項の規定に基づき会社が実施した面接指導の結果
⑨-1　上記の労働者からの面接指導の申出の有無
⑩安衛法第66条の10第5項の規定に基づき会社が医師から聴取した意見及び同条第6項の規定に基づき会社が講じた面接指導実施
　後の措置の内容
⑪安衛法第69条第1項の規定に基づく健康保持増進措置を通じて会社が取得した健康測定の結果、健康指導の内容等
⑫労働者災害補償保険法第27条の規定に基づき、従業員から提出された二次健康診断の結果及び労災保険法の給付に関する情報
⑬治療と仕事の両立支援等のための医師の意見書
⑭通院状況等疾病管理のための情報
⑮健康相談の実施の有無
⑯健康相談の結果
⑰職場復帰のための面談の結果
⑱（上記のほか）産業保健業務従事者が労働者の健康管理等を通じて得た情報
⑲任意に従業員から提供された本人の病歴、健康に関する情報

別表3：健康情報等を取り扱う者の分類

＜常時使用する労働者が10人以上の事業場の例＞

健康情報等を取り扱う者	具体的内容	表記
ア）人事に関して直接の権限を持つ監督的地位にある者	社長、役員、人事部門の長	担当ア
イ）産業保健業務従事者	産業医（専属・嘱託）、保健師・看護師、衛生管理者、衛生推進者（安全衛生推進者）	担当イ
ウ）管理監督者	労働者本人の所属長	担当ウ
エ）人事部門の事務担当者	人事部門の長以外の事務担当者	担当エ

＜常時使用する労働者が10人未満の事業場の例＞

健康情報等を取り扱う者	具体的内容	表記
ア）人事に関して直接の権限を持つ監督的地位にある者	社長、役員、人事部門の長	担当オ
イ）管理監督者	労働者本人の所属長	担当カ
ウ）人事部門の事務担当者	人事部門の長以外の事務担当者	担当キ

＜常時使用する労働者が10人以上の事業場の例＞

健康情報等の種類	取り扱う者及びその権限			
	担当ア	担当イ	担当ウ	担当エ
① 安衛法第65条の2第1項の規定に基づき、会社が作業環境測定の結果の評価に基づいて、従業員の健康を保持するため必要があると認めたときに実施した健康診断の結果	△	○	△	△
①-1 上記の健康診断の受診・未受診の情報	◎	○	△	△
② 安衛法第66条の第1項から第4項までの規定に基づき会社が実施した健康診断の結果並びに安衛法第66条第5項及び第66条の2の規定に基づき従業員から提出された健康診断の結果	△	○	△	△
②-1 上記の健康診断を実施する際、会社が追加して行う健康診断による健康診断の結果	△	○	△	△
②-2 上記の健康診断の受診・未受診の情報	◎	○	△	△
③ 安衛法第66条の4の規定に基づき会社が医師又は歯科医師から聴取した意見及び第66条の5第1項の規定に基づき会社が講じた健康診断実施後の措置の内容	△	○	△	△
④ 安衛法第66条の7の規定に基づき会社が実施した保健指導の内容	△	○	△	△
④-1 上記の保健指導の実施の有無	◎	○	△	△
⑤ 安衛法第66条の8第1項（第66条の8の2第1項、第66条の8の4第1項）の規定に基づき会社が実施した面接指導の結果及び同条第2項の規定に基づき従業員から提出された面接指導の結果	△	○	△	△
⑤-1 上記の労働者からの面接指導の申出の有無	◎	○	△	△
⑥ 安衛法第66条の8第4項（第66条の8の2第2項、第66条の8の4第2項）の規定に基づき会社が医師から聴取した意見及び同条第5項の規定に基づき会社が講じた面接指導実施後の措置の内容	◎	○	△	△
⑦ 安衛法第66条の9の規定に基づき会社が実施した面接指導又は面接指導に準ずる措置の結果	◎	○	△	△
⑧ 安衛法第66条の10第1項の規定に基づき会社が実施したストレスチェックの結果	△	○	△	△
⑨ 安衛法第66条の10第3項の規定に基づき会社が実施した面接指導の結果	△	○	△	△
⑨-1 上記の労働者からの面接指導の申出の有無	◎	○	△	△
⑩ 安衛法第66条の10第5項の規定に基づき会社が医師から聴取した意見及び同条第6項の規定に基づき会社が講じた面接指導実施後の措置の内容	◎	○	△	△
⑪ 安衛法第69条第1項の規定に基づき健康保持増進措置を通じて会社が取得した健康測定の結果、健康指導の内容等	△	○	△	△
⑫ 労働者災害補償保険法第27条の規定に基づき、従業員から提出された二次健康診断の結果及び労災保険法の給付に関する情報	△	○	△	△
⑬ 治療と仕事の両立支援等のための医師の意見書	△	○	△	△
⑭ 通院状況等疾病管理のための情報	△	○	△	△
⑮ 健康相談の実施の有無	△	○	△	△
⑯ 健康相談の結果	△	○	△	△
⑰ 職場復帰のための面談の結果	△	○	△	△
⑱ （上記のほか）産業保健業務従事者（担当イ）が労働者の健康管理等を通じて得た情報	△	○	△	△
⑲ 任意に従業員から提供された本人の病歴、健康に関する情報	△	○	△	△

※◎：事業者が直接取り扱う。
※○：情報の収集、保管、使用、加工、消去を行う。
※△：情報の収集、保管、使用を行う。なお、使用に当たっては、労働者に対する健康確保措置を実施するために必要な情報が的確に伝達されるよう、医療職が集約・整理・解釈するなど適切に加工した情報を取り扱う。

<常時使用する労働者が10人未満の事業場の例>

健康情報等の種類	取り扱う者及びその権限		
	担当オ	担当カ	担当キ
① 安衛法第65条の2第1項の規定に基づき、会社が作業環境測定の結果の評価に基づいて、従業員の健康を保持するため必要があると認めたときに実施した健康診断の結果	△	△	△
①-1 上記の健康診断の受診・未受診の情報	◎	○	△
② 安衛法第66条の第1項から第4項までの規定に基づき会社が実施した健康診断の結果並びに安衛法第66条第5項及び第66条の2の規定に基づき従業員から提出された健康診断の結果	△	△	△
②-1 上記の健康診断を実施する際、会社が追加して行う健康診断による健康診断の結果	△	△	△
②-2 上記の健康診断の受診・未受診の情報	◎	○	△
③ 安衛法第66条の4の規定に基づき会社が医師又は歯科医師から聴取した意見及び第66条の5第1項の規定に基づき会社が講じた健康診断実施後の措置の内容	◎	○	△
④ 安衛法第66条の7の規定に基づき会社が実施した保健指導の内容	△	△	△
④-1 上記の保健指導の実施の有無	◎	○	△
⑤ 安衛法第66条の8第1項（第66条の8の2第1項、第66条の8の4第1項）の規定に基づき会社が実施した面接指導の結果及び同条第2項の規定に基づき従業員から提出された面接指導の結果	△	△	△
⑤-1 上記の労働者からの面接指導の申出の有無	◎	○	△
⑥ 安衛法第66条の8第4項（第66条の8の2第2項、第66条の8の4第2項）の規定に基づき会社が医師から聴取した意見及び同条第5項の規定に基づき会社が講じた面接指導実施後の措置の内容	◎	○	△
⑦ 安衛法第66条の9の規定に基づき会社が実施した面接指導又は面接指導に準ずる措置の結果	◎	○	△
⑧ 安衛法第66条の10第1項の規定に基づき会社が実施したストレスチェックの結果	△	△	△
⑨ 安衛法第66条の10第3項の規定に基づき会社が実施した面接指導の結果	△	△	△
⑨-1 上記の労働者からの面接指導の申出の有無	◎	○	△
⑩ 安衛法第66条の10第5項の規定に基づき会社が医師から聴取した意見及び同条第6項の規定に基づき会社が講じた面接指導実施後の措置の内容	◎	○	△
⑪ 安衛法第69条第1項の規定に基づき健康保持増進措置を通じて会社が取得した健康測定の結果、健康指導の内容等	△	△	△
⑫ 労働者災害補償保険法第27条の規定に基づき、従業員から提出された二次健康診断の結果及び労災保険法の給付に関する情報	△	△	△
⑬ 治療と仕事の両立支援等のための医師の意見書	△	△	△
⑭ 通院状況等疾病管理のための情報	△	△	△
⑮ 健康相談の実施の有無	△	△	△
⑯ 健康相談の結果	△	△	△
⑰ 職場復帰のための面談の結果	△	△	△
⑱ （上記のほか）労働者の健康管理等を通じて得た情報	△	△	△
⑲ 任意に従業員から提供された本人の病歴、健康に関する情報	△	△	△

※◎：事業者が直接取り扱う。
※○：情報の収集、保管、使用、加工、消去を行う。
※△：情報の収集、保管、使用を行う。なお、使用に当たっては、労働者に対する健康確保措置を実施するために必要な情報が的確に伝達されるよう、必要に応じて地域産業保健センター等の事業場外資源を活用し、医療職が集約・整理・解釈するなど適切に加工した情報を取り扱う。

事業主が職場における優越的な関係を背景とした言動に起因する問題に
関して雇用管理上講ずべき措置等についての指針（案）について【概要】

1．制定の趣旨

女性の職業生活における活躍の推進に関する法律等の一部を改正する法律（令和
元年法律第24号。以下「改正法」という。）の施行に伴い、及び労働施策の総合的
な推進並びに労働者の雇用の安定及び職業生活の充実等に関する法律（昭和41年法
律第132号。以下「労働施策総合推進法」という。）第30条の2第3項の規定に基づ
き、事業主が職場における優越的な関係を背景とした言動に起因する問題に関して
雇用管理上講ずべき措置等についての指針を定めるもの。

2．指針の内容

職場におけるパワーハラスメントの具体的な内容や、事業主が職場における優越
的な関係を背景した言動に起因する問題に関し雇用管理上講ずべき措置の内容等
を定める。

※　具体的な内容については、別紙のとおり。

3．根拠法令

労働施策総合推進法第30条の2第3項

4．適用期日等

告示日：令和2年1月上旬（予定）
適用期日：改正法の施行の日（令和2年6月1日（予定））

事業主が職場における優越的な関係を背景とした言動に起因する問題に関して雇用管理上講ずべき措置等についての指針（案）

> 傍線部分・・セクシュアルハラスメント、妊娠・出産等に関するハラスメント、育児休業等に関するハラスメントの指針においても同様に改正
> 点線部分・・セクシュアルハラスメント、妊娠・出産等に関するハラスメントの指針においても同様に改正

1　はじめに

　　この指針は、労働施策の総合的な推進並びに労働者の雇用の安定及び職業生活の充実等に関する法律（昭和41年法律第132号。以下「法」という。）第30条の2第1項及び第2項に規定する事業主が職場において行われる優越的な関係を背景とした言動であって、業務上必要かつ相当な範囲を超えたものにより、その雇用する労働者の就業環境が害されること（以下「職場におけるパワーハラスメント」という。）のないよう雇用管理上講ずべき措置等について、同条第3項の規定に基づき事業主が適切かつ有効な実施を図るために必要な事項について定めたものである。

2　職場におけるパワーハラスメントの内容

⑴　職場におけるパワーハラスメントは、職場において行われる①優越的な関係を背景とした言動であって、②業務上必要かつ相当な範囲を超えたものにより、③労働者の就業環境が害されるものであり、①から③までの要素を全て満たすものをいう。

　　なお、客観的にみて、業務上必要かつ相当な範囲で行われる適正な業務指示や指導については、職場におけるパワーハラスメントには該当しない。

⑵　「職場」とは、事業主が雇用する労働者が業務を遂行する場所を指し、当該労働者が通常就業している場所以外の場所であっても、当該労働者が業務を遂行する場所については、「職場」に含まれる。

⑶　「労働者」とは、いわゆる正規雇用労働者のみならず、パートタイム労働者、契約社員等いわゆる非正規雇用労働者を含む事業主が雇用する労働者の全てをいう。

　　また、派遣労働者については、派遣元事業主のみならず、労働者派遣の役務の提供を受ける者についても、労働者派遣事業の適正な運営の確保及び派遣労働者の保護等に関する法律（昭和60年法律第88号）第47条の4の規定により、その指揮命令の下に労働させる派遣労働者を雇用する事業主とみなされ、法第30条の2第1項及び第30条の3第2項の規定が適用されることから、労働者派遣の役務の提供を受ける者は、派遣労働者についてもその雇用する労働者と同様に、

3(1)の配慮及び4の措置を講ずることが必要である。なお、法第 30 条の2第2項、第 30 条の5第2項及び第 30 条の6第2項の労働者に対する不利益な取扱いの禁止については、派遣労働者も対象に含まれるものであり、派遣元事業主のみならず、労働者派遣の役務の提供を受ける者もまた、当該者に派遣労働者が職場におけるパワーハラスメントの相談を行ったこと等を理由として、当該派遣労働者に係る労働者派遣の役務の提供を拒む等、当該派遣労働者に対する不利益な取扱いを行ってはならない。

(4)　「優越的な関係を背景とした」言動とは、当該事業主の業務を遂行するに当たって、当該言動を受ける労働者が当該言動の行為者とされる者（以下「行為者」という。）に対して抵抗又は拒絶することができない蓋然性が高い関係を背景として行われるものを指し、例えば、以下のもの等が含まれる。
　・　職務上の地位が上位の者による言動
　・　同僚又は部下による言動で、当該言動を行う者が業務上必要な知識や豊富な経験を有しており、当該者の協力を得なければ業務の円滑な遂行を行うことが困難であるもの
　・　同僚又は部下からの集団による行為で、これに抵抗又は拒絶することが困難であるもの

(5)　「業務上必要かつ相当な範囲を超えた」言動とは、社会通念に照らし、当該言動が明らかに当該事業主の業務上必要性がない、又はその態様が相当でないものを指し、例えば、以下のもの等が含まれる。
　・　業務上明らかに必要性のない言動
　・　業務の目的を大きく逸脱した言動
　・　業務を遂行するための手段として不適当な言動
　・　当該行為の回数、行為者の数等、その態様や手段が社会通念に照らして許容される範囲を超える言動
　　この判断に当たっては、様々な要素（当該言動の目的、当該言動を受けた労働者の問題行動の有無や内容・程度を含む当該言動が行われた経緯や状況、業種・業態、業務の内容・性質、当該言動の態様・頻度・継続性、労働者の属性や心身の状況、行為者との関係性等）を総合的に考慮することが適当である。また、その際には、個別の事案における労働者の行動が問題となる場合は、その内容・程度とそれに対する指導の態様等の相対的な関係性が重要な要素となることについても留意が必要である。

(6)　「労働者の就業環境が害される」とは、当該言動により労働者が身体的又は精神的に苦痛を与えられ、労働者の就業環境が不快なものとなったため、能力の発揮に重大な悪影響が生じる等当該労働者が就業する上で看過できない程度の支障が生じることを指す。

この判断に当たっては、「平均的な労働者の感じ方」、すなわち、同様の状況で当該言動を受けた場合に、社会一般の労働者が、就業する上で看過できない程度の支障が生じたと感じるような言動であるかどうかを基準とすることが適当である。

(7) 職場におけるパワーハラスメントは、(1)の①から③までの要素を全て満たすものをいい（客観的にみて、業務上必要かつ相当な範囲で行われる適正な業務指示や指導については、職場におけるパワーハラスメントには該当しない。）、個別の事案についてその該当性を判断するに当たっては、(5)で総合的に考慮することとした事項のほか、当該言動により労働者が受ける身体的又は精神的な苦痛の程度等を総合的に考慮して判断することが必要である。

このため、個別の事案の判断に際しては、相談窓口の担当者等がこうした事項に十分留意し、相談を行った労働者（以下「相談者」という。）の心身の状況や当該言動が行われた際の受け止めなどその認識にも配慮しながら、相談者及び行為者の双方から丁寧に事実確認等を行うことも重要である。

これらのことを十分踏まえて、予防から再発防止に至る一連の措置を適切に講じることが必要である。

職場におけるパワーハラスメントの状況は多様であるが、代表的な言動の類型としては、以下のイからヘまでのものがあり、当該言動の類型ごとに、典型的に職場におけるパワーハラスメントに該当し、又は該当しないと考えられる例としては、次のようなものがある。

ただし、個別の事案の状況等によって判断が異なる場合もあり得ること、また、次の例は限定列挙ではないことに十分留意し、４（２）ロにあるとおり広く相談に対応するなど、適切な対応を行うようにすることが必要である。

なお、職場におけるパワーハラスメントに該当すると考えられる以下の例については、行為者と当該言動を受ける労働者の関係性を個別に記載していないが、(4)にあるとおり、優越的な関係を背景として行われたものであることが前提である。

イ　身体的な攻撃（暴行・傷害）
（イ）該当すると考えられる例
　　①　殴打、足蹴りを行うこと。
　　②　相手に物を投げつけること。
（ロ）該当しないと考えられる例
　　①　誤ってぶつかること。
ロ　精神的な攻撃（脅迫・名誉棄損・侮辱・ひどい暴言）
（イ）該当すると考えられる例
　　①　人格を否定するような言動を行うこと。相手の性的指向・性自認に関する侮辱的な言動を行うことを含む。

② 業務の遂行に関する必要以上に長時間にわたる厳しい叱責を繰り返し行うこと。

③ 他の労働者の面前における大声での威圧的な叱責を繰り返し行うこと。

④ 相手の能力を否定し、罵倒するような内容の電子メール等を当該相手を含む複数の労働者宛てに送信すること。

（ロ）該当しないと考えられる例

① 遅刻など社会的ルールを欠いた言動が見られ、再三注意してもそれが改善されない労働者に対して一定程度強く注意をすること。

② その企業の業務の内容や性質等に照らして重大な問題行動を行った労働者に対して、一定程度強く注意をすること。

ハ　人間関係からの切り離し（隔離・仲間外し・無視）

（イ）該当すると考えられる例

① 自身の意に沿わない労働者に対して、仕事を外し、長期間にわたり、別室に隔離したり、自宅研修させたりすること。

② 一人の労働者に対して同僚が集団で無視をし、職場で孤立させること。

（ロ）該当しないと考えられる例

① 新規に採用した労働者を育成するために短期間集中的に別室で研修等の教育を実施すること。

② 懲戒規定に基づき処分を受けた労働者に対し、通常の業務に復帰させるために、その前に、一時的に別室で必要な研修を受けさせること。

ニ　過大な要求（業務上明らかに不要なことや遂行不可能なことの強制・仕事の妨害）

（イ）該当すると考えられる例

① 長期間にわたる、肉体的苦痛を伴う過酷な環境下での勤務に直接関係のない作業を命ずること。

② 新卒採用者に対し、必要な教育を行わないまま到底対応できないレベルの業績目標を課し、達成できなかったことに対し厳しく叱責すること。

③ 労働者に業務とは関係のない私的な雑用の処理を強制的に行わせること。

（ロ）該当しないと考えられる例

① 労働者を育成するために現状よりも少し高いレベルの業務を任せること。

② 業務の繁忙期に、業務上の必要性から、当該業務の担当者に通常時よりも一定程度多い業務の処理を任せること。

ホ　過小な要求（業務上の合理性なく能力や経験とかけ離れた程度の低い仕事を命じることや仕事を与えないこと）

（イ）該当すると考えられる例

① 管理職である労働者を退職させるため、誰でも遂行可能な業務を行わせること。

② 気にいらない労働者に対して嫌がらせのために仕事を与えないこと。
　（ロ）該当しないと考えられる例
　　① 労働者の能力に応じて、一定程度業務内容や業務量を軽減すること。
　ヘ 個の侵害（私的なことに過度に立ち入ること）
　（イ）該当すると考えられる例
　　① 労働者を職場外でも継続的に監視したり、私物の写真撮影をしたりすること。
　　② 労働者の性的指向・性自認や病歴、不妊治療等の機微な個人情報について、当該労働者の了解を得ずに他の労働者に暴露すること。
　（ロ）該当しないと考えられる例
　　① 労働者への配慮を目的として、労働者の家族の状況等についてヒアリングを行うこと。
　　② 労働者の了解を得て、当該労働者の性的指向・性自認や病歴、不妊治療等の機微な個人情報について、必要な範囲で人事労務部門の担当者に伝達し、配慮を促すこと。

　　この点、プライバシー保護の観点から、ヘ（イ）②のように機微な個人情報を暴露することのないよう、労働者に周知・啓発する等の措置を講じることが必要である。

3　事業主等の責務
　⑴　事業主の責務
　　　法第30条の3第2項の規定により、事業主は、職場におけるパワーハラスメントを行ってはならないことその他職場におけるパワーハラスメントに起因する問題（以下「パワーハラスメント問題」という。）に対するその雇用する労働者の関心と理解を深めるとともに、当該労働者が他の労働者（他の事業主が雇用する労働者及び求職者を含む。(2)において同じ。）に対する言動に必要な注意を払うよう、研修の実施その他の必要な配慮をするほか、国の講ずる同条第1項の広報活動、啓発活動その他の措置に協力するように努めなければならない。なお、職場におけるパワーハラスメントに起因する問題としては、例えば、労働者の意欲の低下などによる職場環境の悪化や職場全体の生産性の低下、労働者の健康状態の悪化、休職や退職などにつながり得ること、これらに伴う経営的な損失等が考えられる。
　　　また、事業主（その者が法人である場合にあっては、その役員）は、自らも、パワーハラスメント問題に対する関心と理解を深め、労働者（他の事業主が雇用する労働者及び求職者を含む。）に対する言動に必要な注意を払うように努めなければならない。

　⑵　労働者の責務

法第 30 条の 3 第 4 項の規定により、労働者は、パワーハラスメント問題に対する関心と理解を深め、他の労働者に対する言動に必要な注意を払うとともに、事業主の講ずる 4 の措置に協力するように努めなければならない。

4　事業主が職場における優越的な関係を背景とした言動に起因する問題に関し雇用管理上講ずべき措置の内容
　　事業主は、当該事業主が雇用する労働者又は当該事業主（その者が法人である場合にあっては、その役員）が行う職場におけるパワーハラスメントを防止するため、雇用管理上次の措置を講じなければならない。
(1)　事業主の方針等の明確化及びその周知・啓発
　　　事業主は、職場におけるパワーハラスメントに関する方針の明確化、労働者に対するその方針の周知・啓発として、次の措置を講じなければならない。
　　　なお、周知・啓発をするに当たっては、職場におけるパワーハラスメントの防止の効果を高めるため、その発生の原因や背景について労働者の理解を深めることが重要である。その際、職場におけるパワーハラスメントの発生の原因や背景には、労働者同士のコミュニケーションの希薄化などの職場環境の問題もあると考えられる。そのため、これらを幅広く解消していくことが職場におけるパワーハラスメントの防止の効果を高める上で重要であることに留意することが必要である。
　イ　職場におけるパワーハラスメントの内容及び職場におけるパワーハラスメントを行ってはならない旨の方針を明確化し、管理監督者を含む労働者に周知・啓発すること。
　　（事業主の方針等を明確化し、労働者に周知・啓発していると認められる例）
　　　①　就業規則その他の職場における服務規律等を定めた文書において、職場におけるパワーハラスメントを行ってはならない旨の方針を規定し、当該規定と併せて、職場におけるパワーハラスメントの内容及びその発生の原因や背景を労働者に周知・啓発すること。
　　　②　社内報、パンフレット、社内ホームページ等広報又は啓発のための資料等に職場におけるパワーハラスメントの内容及びその発生の原因や背景並びに職場におけるパワーハラスメントを行ってはならない旨の方針を記載し、配布等すること。
　　　③　職場におけるパワーハラスメントの内容及びその発生の原因や背景並びに職場におけるパワーハラスメントを行ってはならない旨の方針を労働者に対して周知・啓発するための研修、講習等を実施すること。
　ロ　職場におけるパワーハラスメントに係る言動を行った者については、厳正に対処する旨の方針及び対処の内容を就業規則その他の職場における服務規律等を定めた文書に規定し、管理監督者を含む労働者に周知・啓発すること。
　　（対処方針を定め、労働者に周知・啓発していると認められる例）
　　　①　就業規則その他の職場における服務規律等を定めた文書において、職場に

おけるパワーハラスメントに係る言動を行った者に対する懲戒規定を定め、その内容を労働者に周知・啓発すること。

② 職場におけるパワーハラスメントに係る言動を行った者は、現行の就業規則その他の職場における服務規律等を定めた文書において定められている懲戒規定の適用の対象となる旨を明確化し、これを労働者に周知・啓発すること。

(2) 相談（苦情を含む。以下同じ。）に応じ、適切に対応するために必要な体制の整備

事業主は、労働者からの相談に対し、その内容や状況に応じ適切かつ柔軟に対応するために必要な体制の整備として、次の措置を講じなければならない。

イ 相談への対応のための窓口（以下「相談窓口」という。）をあらかじめ定め、労働者に周知すること。

（相談窓口をあらかじめ定めていると認められる例）

① 相談に対応する担当者をあらかじめ定めること。

② 相談に対応するための制度を設けること。

③ 外部の機関に相談への対応を委託すること。

ロ イの相談窓口の担当者が、相談に対し、その内容や状況に応じ適切に対応できるようにすること。また、相談窓口においては、被害を受けた労働者が萎縮するなどして相談を躊躇する例もあること等も踏まえ、相談者の心身の状況や当該言動が行われた際の受け止めなどその認識にも配慮しながら、職場におけるパワーハラスメントが現実に生じている場合だけでなく、その発生のおそれがある場合や、職場におけるパワーハラスメントに該当するか否か微妙な場合であっても、広く相談に対応し、適切な対応を行うようにすること。例えば、放置すれば就業環境を害するおそれがある場合や、労働者同士のコミュニケーションの希薄化などの職場環境の問題が原因や背景となってパワーハラスメントが生じるおそれがある場合等が考えられる。

（相談窓口の担当者が適切に対応することができるようにしていると認められる例）

① 相談窓口の担当者が相談を受けた場合、その内容や状況に応じて、相談窓口の担当者と人事部門とが連携を図ることができる仕組みとすること。

② 相談窓口の担当者が相談を受けた場合、あらかじめ作成した留意点などを記載したマニュアルに基づき対応すること。

③ 相談窓口の担当者に対し、相談を受けた場合の対応についての研修を行うこと。

(3) 職場におけるパワーハラスメントに係る事後の迅速かつ適切な対応

事業主は、職場におけるパワーハラスメントに係る相談の申出があった場合において、その事案に係る事実関係の迅速かつ正確な確認及び適正な対処として、

次の措置を講じなければならない。

イ　事案に係る事実関係を迅速かつ正確に確認すること。

（事案に係る事実関係を迅速かつ正確に確認していると認められる例）

① 　相談窓口の担当者、人事部門又は専門の委員会等が、相談者及び行為者の双方から事実関係を確認すること。その際、相談者の心身の状況や当該言動が行われた際の受け止めなどその認識にも適切に配慮すること。

　　また、相談者と行為者との間で事実関係に関する主張に不一致があり、事実の確認が十分にできないと認められる場合には、第三者からも事実関係を聴取する等の措置を講ずること。

② 　事実関係を迅速かつ正確に確認しようとしたが、確認が困難な場合などにおいて、法第30条の6に基づく調停の申請を行うことその他中立な第三者機関に紛争処理を委ねること。

ロ　イにより、職場におけるパワーハラスメントが生じた事実が確認できた場合においては、速やかに被害を受けた労働者（以下「被害者」という。）に対する配慮のための措置を適正に行うこと。

（措置を適正に行っていると認められる例）

① 　事案の内容や状況に応じ、被害者と行為者の間の関係改善に向けての援助、被害者と行為者を引き離すための配置転換、行為者の謝罪、被害者の労働条件上の不利益の回復、管理監督者又は事業場内産業保健スタッフ等による被害者のメンタルヘルス不調への相談対応等の措置を講ずること。

② 　法第30条の6に基づく調停その他中立な第三者機関の紛争解決案に従った措置を被害者に対して講ずること。

ハ　イにより、職場におけるパワーハラスメントが生じた事実が確認できた場合においては、行為者に対する措置を適正に行うこと。

（措置を適正に行っていると認められる例）

① 　就業規則その他の職場における服務規律等を定めた文書における職場におけるパワーハラスメントに関する規定等に基づき、行為者に対して必要な懲戒その他の措置を講ずること。あわせて、事案の内容や状況に応じ、被害者と行為者の間の関係改善に向けての援助、被害者と行為者を引き離すための配置転換、行為者の謝罪等の措置を講ずること。

② 　法第30条の6に基づく調停その他中立な第三者機関の紛争解決案に従った措置を行為者に対して講ずること。

ニ　改めて職場におけるパワーハラスメントに関する方針を周知・啓発する等の再発防止に向けた措置を講ずること。

　　なお、職場におけるパワーハラスメントが生じた事実が確認できなかった場合においても、同様の措置を講ずること。

（再発防止に向けた措置を講じていると認められる例）

① 　職場におけるパワーハラスメントを行ってはならない旨の方針及び職場におけるパワーハラスメントに係る言動を行った者について厳正に対処する旨

の方針を、社内報、パンフレット、社内ホームページ等広報等又は啓発のための資料等に改めて掲載し、配布等すること。
② 労働者に対して職場におけるパワーハラスメントに関する意識を啓発するための研修、講習等を改めて実施すること。

(4) (1)から(3)までの措置と併せて講ずべき措置
　(1)から(3)までの措置を講ずるに際しては、併せて次の措置を講じなければならない。
イ　職場におけるパワーハラスメントに係る相談者・行為者等の情報は当該相談者・行為者等のプライバシーに属するものであることから、相談への対応又は当該パワーハラスメントに係る事後の対応に当たっては、相談者・行為者等のプライバシーを保護するために必要な措置を講ずるとともに、その旨を労働者に対して周知すること。なお、相談者・行為者等のプライバシーには、性的指向・性自認や病歴、不妊治療等の機微な個人情報も含まれるものであること。
（相談者・行為者等のプライバシーを保護するために必要な措置を講じていると認められる例）
① 相談者・行為者等のプライバシーの保護のために必要な事項をあらかじめマニュアルに定め、相談窓口の担当者が相談を受けた際には、当該マニュアルに基づき対応するものとすること。
② 相談者・行為者等のプライバシーの保護のために、相談窓口の担当者に必要な研修を行うこと。
③ 相談窓口においては相談者・行為者等のプライバシーを保護するために必要な措置を講じていることを、社内報、パンフレット、社内ホームページ等広報又は啓発のための資料等に掲載し、配布等すること。
ロ　法第30条の2第2項、第30条の5第2項、第30条の6第2項の規定を踏まえ、労働者が職場におけるパワーハラスメントに関し相談をしたこと若しくは事実関係の確認等の事業主の雇用管理上講ずべき措置に協力したこと、都道府県労働局に対して相談、紛争解決の援助の求め若しくは調停の申請を行ったこと又は調停の出頭の求めに応じたこと（以下「パワーハラスメントの相談等」という。）を理由として、解雇その他不利益な取扱いをされない旨を定め、労働者に周知・啓発すること。
（不利益な取扱いをされない旨を定め、労働者にその周知・啓発することについて措置を講じていると認められる例）
① 就業規則その他の職場における服務規律等を定めた文書において、パワーハラスメントの相談等を理由として、労働者が解雇等の不利益な取扱いをされない旨を規定し、労働者に周知・啓発をすること。
② 社内報、パンフレット、社内ホームページ等広報又は啓発のための資料等に、パワーハラスメントの相談等を理由として、労働者が解雇等の不利益な取扱いをされない旨を記載し、労働者に配布等すること。

5 　事業主が職場における優越的な関係を背景とした言動に起因する問題に関し行うことが望ましい取組の内容
　　事業主は、当該事業主が雇用する労働者又は当該事業主（その者が法人である場合にあっては、その役員）が行う職場におけるパワーハラスメントを防止するため、4の措置に加え、次の取組を行うことが望ましい。
⑴　職場におけるパワーハラスメントは、セクシュアルハラスメント（事業主が職場における性的な言動に起因する問題に関して雇用管理上講ずべき措置等についての指針（平成18年厚生労働省告示第615号）に規定する「職場におけるセクシュアルハラスメント」をいう。以下同じ。）、妊娠、出産等に関するハラスメント（事業主が職場における妊娠、出産等に関する言動に起因する問題に関して雇用管理上講ずべき措置等についての指針（平成28年厚生労働省告示第312号）に規定する「職場における妊娠、出産等に関するハラスメント」をいう。）、育児休業等に関するハラスメント（子の養育又は家族の介護を行い、又は行うこととなる労働者の職業生活と家庭生活との両立が図られるようにするために事業主が講ずべき措置等に関する指針（平成21年厚生労働省告示第509号）に規定する「職場における育児休業等に関するハラスメント」をいう。）その他のハラスメントと複合的に生じることも想定されることから、事業主は、例えば、セクシュアルハラスメント等の相談窓口と一体的に、職場におけるパワーハラスメントの相談窓口を設置し、一元的に相談に応じることのできる体制を整備することが望ましい。
　　（一元的に相談に応じることのできる体制の例）
　　①　相談窓口で受け付けることのできる相談として、職場におけるパワーハラスメントのみならず、セクシュアルハラスメント等も明示すること。
　　②　職場におけるパワーハラスメントの相談窓口がセクシュアルハラスメント等の相談窓口を兼ねること。

⑵　事業主は、職場におけるパワーハラスメントの原因や背景となる要因を解消するため、次の取組を行うことが望ましい。
　　なお、取組を行うに当たっては、労働者個人のコミュニケーション能力の向上を図ることは、職場におけるパワーハラスメントの行為者・被害者の双方になることを防止する上で重要であることや、業務上必要かつ相当な範囲で行われる適正な業務指示や指導については、職場におけるパワーハラスメントには該当せず、労働者が、こうした適正な業務指示や指導を踏まえて真摯に業務を遂行する意識を持つことも重要であることに留意することが必要である。
　　イ　コミュニケーションの活性化や円滑化のために研修等の必要な取組を行うこと。
　　（コミュニケーションの活性化や円滑化のために必要な取組例）
　　①　日常的なコミュニケーションを取るよう努めることや定期的に面談やミー

ティングを行うことにより、風通しの良い職場環境や互いに助け合える労働者同士の信頼関係を築き、コミュニケーションの活性化を図ること。
② 感情をコントロールする手法についての研修、コミュニケーションスキルアップについての研修、マネジメントや指導についての研修等の実施や資料の配布等により、労働者が感情をコントロールする能力やコミュニケーションを円滑に進める能力等の向上を図ること。
ロ 適正な業務目標の設定等の職場環境の改善のための取組を行うこと。
（職場環境の改善のための取組例）
① 適正な業務目標の設定や適正な業務体制の整備、業務の効率化による過剰な長時間労働の是正等を通じて、労働者に過度に肉体的・精神的負荷を強いる職場環境や組織風土を改善すること。

(3) 事業主は、4の措置を講じる際に、必要に応じて、労働者や労働組合等の参画を得つつ、アンケート調査や意見交換等を実施するなどにより、その運用状況の的確な把握や必要な見直しの検討等に努めることが重要である。なお、労働者や労働組合等の参画を得る方法として、例えば、労働安全衛生法（昭和47年法律第57号）第18条第1項に規定する衛生委員会の活用なども考えられる。

6 事業主が自らの雇用する労働者以外の者に対する言動に関し行うことが望ましい取組の内容
3の事業主及び労働者の責務の趣旨に鑑みれば、事業主は、当該事業主が雇用する労働者が、他の労働者（他の事業主が雇用する労働者及び求職者を含む。）のみならず、個人事業主、インターンシップを行っている者等の労働者以外の者に対する言動についても必要な注意を払うよう配慮するとともに、事業主（その者が法人である場合にあっては、その役員）自らと労働者も、労働者以外の者に対する言動について必要な注意を払うよう努めることが望ましい。
こうした責務の趣旨も踏まえ、事業主は、4(1)イの職場におけるパワーハラスメントを行ってはならない旨の方針の明確化等を行う際に、当該事業主が雇用する労働者以外の者（他の事業主が雇用する労働者、就職活動中の学生等の求職者及び労働者以外の者）に対する言動についても、同様の方針を併せて示すことが望ましい。
また、これらの者から職場におけるパワーハラスメントに類すると考えられる相談があった場合には、その内容を踏まえて、4の措置も参考にしつつ、必要に応じて適切な対応を行うように努めることが望ましい。

7 事業主が他の事業主の雇用する労働者等からのパワーハラスメントや顧客等からの著しい迷惑行為に関し行うことが望ましい取組の内容
事業主は、取引先等の他の事業主が雇用する労働者又は他の事業主（その者が法人である場合にあっては、その役員）からのパワーハラスメントや顧客等からの著

しい迷惑行為（暴行、脅迫、ひどい暴言、著しく不当な要求等）により、その雇用する労働者が就業環境を害されることのないよう、雇用管理上の配慮として、例えば、(1)及び(2)の取組を行うことが望ましい。また、(3)のような取組を行うことも、その雇用する労働者が被害を受けることを防止する上で有効と考えられる。

(1)　相談に応じ、適切に対応するために必要な体制の整備

事業主は、他の事業主が雇用する労働者等からのパワーハラスメントや顧客等からの著しい迷惑行為に関する労働者からの相談に対し、その内容や状況に応じ適切かつ柔軟に対応するために必要な体制の整備として、4(2)イ及びロの例も参考にしつつ、次の取組を行うことが望ましい。

また、併せて、労働者が当該相談をしたことを理由として、解雇その他不利益な取扱いを行ってはならない旨を定め、労働者に周知・啓発することが望ましい。

イ　相談先（上司、職場内の担当者等）をあらかじめ定め、これを労働者に周知すること。

ロ　イの相談を受けた者が、相談に対し、その内容や状況に応じ適切に対応できるようにすること。

(2)　被害者への配慮のための取組

事業主は、相談者から事実関係を確認し、他の事業主が雇用する労働者等からのパワーハラスメントや顧客等からの著しい迷惑行為が認められた場合には、速やかに被害者に対する配慮のための取組を行うことが望ましい。

（被害者への配慮のための取組例）

事案の内容や状況に応じ、被害者のメンタルヘルス不調への相談対応、著しい迷惑行為を行った者に対する対応が必要な場合に一人で対応させない等の取組を行うこと。

(3)　他の事業主が雇用する労働者等からのパワーハラスメントや顧客等からの著しい迷惑行為による被害を防止するための取組

(1)及び(2)の取組のほか、他の事業主が雇用する労働者等からのパワーハラスメントや顧客等からの著しい迷惑行為からその雇用する労働者が被害を受けることを防止する上では、事業主が、こうした行為への対応に関するマニュアルの作成や研修の実施等の取組を行うことも有効と考えられる。

また、業種・業態等によりその被害の実態や必要な対応も異なると考えられることから、業種・業態等における被害の実態や業務の特性等を踏まえて、それぞれの状況に応じた必要な取組を進めることも、被害の防止に当たっては効果的と考えられる。

〈編者略歴〉

峰　隆之（みね・たかゆき）

第一協同法律事務所パートナー。弁護士。

1965年東京都生まれ。1987年東京大学法学部卒業後、同年東京電力（株）に入社。1992年弁護士登録。以後、人事労務関係の法律案件（企業側）を主に取り扱う。これまで関与した最高裁判例として片山組事件、クレディスイス証券事件などがある。2012年〜2015年東京大学法科大学院客員教授（会社労使関係法等）。現在、経営法曹会議常任幹事、第一東京弁護士会労働法制委員会副委員長・労働時間法制部会長。

著書に『震災に伴う人事労務管理上の諸問題』、共著に『企業におけるメンタルヘルス不調の法律実務』などがある。

〈著者略歴〉

鈴木　安名（すずき・やすな）

公益財団法人　大原記念労働科学研究所協力研究員。医学博士（東北大学）、産業医。

静岡市生まれ。1979年旭川医科大学を卒業後、山形大学医学部助手、旭川医科大学助手などに従事、病院勤務医となる。2004年より（財）労働科学研究所の主任研究員などを経て現職。フジEAPセンター顧問医。産業医活動、執筆および企業での人事担当者向けセミナーなどに携わる。研究テーマはメンタル不調者の職場復帰支援および人事部が行う過重労働・メンタルヘルス対策の支援。

著書に『人事・総務担当者のためのメンタルヘルス読本』、共著に『この一冊でストレスチェックの基本と応用が分かる』などがある。

北岡　大介（きたおか・だいすけ）

北岡社会保険労務士事務所代表。社会保険労務士。

1995年金沢大学法学部卒業後、労働省に労働基準監督官として任官し、労基法などの監督指導業務などに従事。2000年労働省を退官し、北海道大学大学院法学研究科で労働法・社会保障法専攻。同大学大学院博士課程単位取得退学後、大手サービス業労務担当等を経て、2009年に北岡社会保険労務士事務所を独立開業、現在に至る。

著書に『「同一労働同一賃金」はやわかり』『「働き方改革」まるわかり』『職場の安全・健康管理の基本』、共著に『労働法の基本』『企業におけるメンタル不調の法律実務』などがある。

URL：http://profile.ne.jp/pf/kitasharo/

人事・労務担当者のための
メンタルヘルス対策教本

2020年2月19日　1版1刷

編　者　峰　隆之
著　者　鈴木　安名
　　　　北岡　大介
©Takayuki Mine, Yasuna Suzuki, Daisuke Kitaoka, 2020
発行者　金子　豊
発行所　日本経済新聞出版社
　　　　https://www.nikkeibook.com/
　　　　東京都千代田区大手町1-3-7　〒100-8066

組版　マーリンクレイン
印刷・製本　三松堂
装幀　渡辺　弘之
ISBN978-4-532-32324-0

Printed in Japan